Guttentag'sche Sammlung
№ 42. Deutscher Reichsgesetze. № 42.
Text-Ausgaben mit Anmerkungen.

Grundbuchordnung

für das

Deutsche Reich.

Vom 24. März 1897.

Text-Ausgabe
mit
Einleitung, Anmerkungen und Sachregister
von

Dr. Otto Fischer,
ordentlichem Professor der Rechte an der Universität Breslau.

Berlin SW.48.
Wilhelmstraße Nr. 119/120.
J. Guttentag, Verlagsbuchhandlung.
1897

Vorwort.

Die vorliegende Text-Ausgabe der Reichsgrundbuchordnung entspricht in ihrer Anlage der von dem Verfasser bearbeiteten „preußischen Grundbuchgesetzgebung" (Guttentag'sche Sammlung Preußischer Gesetze Nr. 9, dritte vermehrte Auflage 1895). Die beigefügten Anmerkungen haben ein dreifaches Ziel. Sie wollen die Verbindung der einzelnen Bestimmungen der G.B.O. unter sich und mit anderen Gesetzen, namentlich dem B.G.B., herstellen. Sie verweisen im weiteren auf die wichtigsten Vorarbeiten und frühere, vorbildlich gewesene Gesetze und geben endlich ganz kurze sachliche Erklärungen, um so dem ersten Bedürfnisse des Juristen, auch des Studierenden, sowie der Geschäftswelt zu genügen. Die den einzelnen Bestimmungen vorgesetzten nicht zum Gesetzestext gehörigen Inhaltsangaben wollen die Uebersicht und Einsicht in das System des Gesetzes erleichtern.

Breslau, im April 1897.

Otto Fischer.

Inhaltsübersicht.

Erklärung der Abkürzungen.

A.G. = Ausführungsgesetz.
A.L.R. = Allgemeines Landrecht für die preußischen Staaten.
B.G.B. = Bürgerliches Gesetzbuch für das Deutsche Reich.
C.P.O. = Civilprozeßordnung.
D. = Denkschrift zum zweiten Entwurf der Grundbuchordnung für das Deutsche Reich.
E.E.G. = Preußisches Gesetz über den Eigenthumserwerb u. s. w. vom 5. 5. 1872.
E.G. = Einführungsgesetz.
G. = Gesetz.
G.B. = Grundbuch.
G.B.A. = Grundbuchamt.
G.B.Bl. = Grundbuchblatt.
G.B.O. = Grundbuchordnung.
G.V.G. = Gerichtsverfassungsgesetz.
H.G.B. = Handelsgesetzbuch.
K.O. = Konkursordnung.
M. = Motive zum ersten Entwurf der Grundbuchordnung für das Deutsche Reich.
pr. = preußisch.
R.G. = Reichsgesetz.
St.G.B. = Strafgesetzbuch.
V. = Verordnung.

Die römischen Ziffern I und II ohne nähere Bezeichnung bedeuten den ersten und zweiten Entwurf der Grundbuchordnung, die beigefügten arabischen Ziffern beziehen sich auf die Paragraphennummern jener Entwürfe.

Einleitung.

Das moderne Recht der Grundstücke und sonstigen Immobilien beruht im Gegensatz zum römischen und zum gemeinen deutschen Recht aber in Anknüpfung an altgermanische Einrichtungen auf der Führung eines öffentlichen Buchs (Grundbuchs), welches über die Rechtsverhältnisse, insbesondere über Eigenthum und Belastung Auskunft giebt.

Solche Grundbücher hatten sich auch nach der Reception des römischen Rechts in vielen Gegenden Deutschlands erhalten. Bahnbrechend wirkte aber für die Neubelebung dieser Ordnung die preußische Kodifikation am Ende des vorigen Jahrhunderts. Das Immobiliarsachenrecht des Allgemeinen Landrechts vom 5. Februar 1894 hat dies Dasein öffentlicher Bücher zur Voraussetzung. Die *formelle* Ordnung der Bücher enthielt die von Svarez verfaßte Hypothekenordnung vom 20. Dezember 1783, welche sich, in einigen Punkten durch das Gesetz vom 24. Mai 1853 abgeändert, bis zum 1. Oktober 1872 in Geltung erhalten hat, und welche namentlich ein ganz ausgezeichnetes, praktisch brauchbares Formular für die Einrichtung der Hypothekenbücher darbot.

Mit dem 1. Oktober 1872 trat zunächst für den landrechtlichen Theil Preußens die „Grundbuchordnung" vom 5. Mai 1872 in Kraft, auf welche das für Neuvorpommern und Rügen unter dem 21. März 1868 erlassene Gesetz einen gewissen Einfluß gehabt hat. Gleichzeitig wurde auch ein Gesetz über den Eigenthumserwerb und die dingliche Belastung der Grundstücke, Bergwerke und selbständigen Gerechtigkeiten erlassen, welches das materielle Immobiliarsachenrecht des A.L.R. in wichtigen Punkten einer Abänderung unterzog.

Hinzu kamen dann noch das Gesetz vom 14. März 1882, betreffend die Wiederherstellung zerstörter oder verloren gegangener Grundbücher und das Gesetz betreffend die Zwangsvollstreckung in das unbewegliche Vermögen vom 13. Juli 1883.

Durch eine Reihe von Einführungsgesetzen wurde dieses Grundbuchrecht allmählig in der gesammten preußischen Monarchie mit Ausnahme der ehemals nassauischen Gebietstheile, in welchen das Stockbuchgesetz vom 15. Mai 1851 in Kraft geblieben ist, und der Insel Helgoland eingeführt. Außerdem hat es in den Fürstenthümern Waldeck und Pyrmont (G. v. 25. 1. 1881) Geltung erlangt. Es kommt endlich in den deutschen Konsulargerichtsbezirken und in denjenigen deutschen Schutzgebieten zur Anwendung, in welche dasselbe eingeführt ist.

Von dem Hypothekenwesen des französischen code civil, welches zur Zeit noch, allerdings in einer durch spätere Gesetze verbesserten Gestalt, in Elsaß-Lothringen gilt, unterscheidet sich schon die ältere preußische Gesetzgebung durch eine bessere Durchführung der Grundsätze der Spezialität und Priorität.

Inzwischen sind die Grundbucheinrichtungen in sämmtlichen reichsdeutschen Ländern in verschiedenartiger Weise zur Durchführung gelangt, so in Bayern durch das Hypothekengesetz vom 1. Juni 1822, im Königreich Sachsen durch die Verordnung vom 9. Januar 1865 und in Württemberg durch die Gesetze vom 15. April 1825, 21. Mai 1828 und 13. April 1873.*)

Das am 1. Januar 1900 in Kraft tretende Bürgerliche Gesetzbuch für das Deutsche Reich vom 18. August 1896 hat das materielle Sachenrecht auch für die Grundstücke und andere Immobilien soweit geregelt, als nicht die auf diesem Gebiete allerdings besonders weitgehenden Vorbehalte in dem Einführungsgesetz dem Landesrecht dauernd oder doch für die Uebergangszeit Spielraum lassen.

Das Sachenrecht des Bürgerlichen Gesetzbuches hat aber zur Voraussetzung, daß überall in seinem Geltungsbereich durch Grundbuchämter Grundbücher geführt

---

*) Vgl. im Uebrigen M. 24 f.

werden. Deshalb ist auch in Art. 1 E.G. B.G.B. vorgesehen, daß gleichzeitig mit dem B.G.B. eine Grundbuchordnung für das Deutsche Reich in Kraft tritt, welche die formelle Ordnung des Grundbuchwesens und des Verfahrens in Grundbuchsachen soweit regelt, als nicht der Landesgesetzgebung die Ordnung im Einzelnen zu überlassen ist.

Demgemäß hatte die von dem Bundesrathe berufene Kommission zur Ausarbeitung des Entwurfes eines Bürgerlichen Gesetzbuches in erster Lesung auf Beschluß des Bundesraths vom 14. Juni 1888 auch den Entwurf einer Grundbuchordnung aufgestellt, welcher schon im Jahre 1889 veröffentlicht wurde.*) Die Vorarbeiten, insbesondere die Berathungsprotokolle, sind ebensowenig veröffentlicht, wie bei dem B.G.B. selbst. Dagegen sind die von Hülfsarbeitern der Kommission auf Grund der Vorarbeiten ausgearbeiteten Motive dem veröffentlichten Entwurf beigegeben.

Die an dem Entwurf des B.G.B. nach der ersten Lesung vorgenommenen sehr erheblichen Aenderungen machten auch eine bedeutende Umarbeitung des Entwurfs einer Grundbuchordnung erforderlich. Diese ist erst nach dem Zustandekommen des B.G.B. erfolgt, demnächst vom Bundesrath als Reichstagsvorlage an-

*) Entwurf einer Grundbuchordnung und Entwurf eines Gesetzes betreffend die Zwangsvollstreckung in das unbewegliche Vermögen. Ausgearbeitet durch die von dem Bundesrathe berufene Kommission. Nebst Motiven. Amtliche Ausgabe. Berlin. Verlag von J. Guttentag 1889.

genommen und unter dem 22. Januar 1897 dem Reichstage vorgelegt. Diesem zweiten Entwurfe ist statt der Motive eine kürzere Denkschrift beigegeben. (Nr. 631 der Drucksachen des Reichstags.)

Im Reichstage wurde die erste Lesung (Sten.-Ber. S. 4417—4428) am 3. Februar 1893 vorgenommen. Sie endete mit der Verweisung des Entwurfs an die 16. Kommission, welche die Berathung am 19. Februar 1897 beendete. Den Vorsitz führte der Abgeordnete Dr. v. Cuny, während der Abgeordnete de Witt als Berichterstatter fungirte. Der Bericht bildet die Nr. 686 der Drucksachen des Reichstages. Die von der Kommission beschlossenen Aenderungen (2 neue Paragraphen und 12 Aenderungen) sind nur von untergeordneter Bedeutung.

Der Reichstag hat sodann am 26. Februar 1897 in zweiter Lesung und am 8. März 1897 in dritter Lesung den unveränderten Kommissionsentwurf nebst einer Resolution (Anm. 3 zu § 2) im Ganzen angenommen.

Vom Bundesrath wurde die unveränderte Annahme am 18. März 1897 beschlossen. Das Gesetz ist veröffentlicht in der am 3. April 1897 in Berlin ausgegebenen Nr. 15 des R.G.Bl.

Die so zu Stande gekommene Reichsgrundbuchordnung tritt mit dem 1. Januar 1900 mit der in § 82 festgesetzten Maßgabe in Kraft, daß sie in jedem Grundbuchbezirke erst in dem Zeitpunkte im vollen

Umfange in Kraft tritt, in welchem das Grundbuch als angelegt anzusehen ist (§ 82 mit Art. 186, 189 B.G.B.).

Charakteristisch für dieses Gesetz ist nun in erster Linie, daß es die Rechtseinheit auf dem Gebiete des formellen Grundbuchrechts nur in beschränktem Maße erstrebt und erreicht hat. Es sollte in das Landesrecht nicht tiefer eingegriffen werden, als das das Bedürfniß, dem materiellen Reichsrecht die formelle Grundlage zu sichern, erforderlich machte. Vor Allem ist die Verfassung der Grundbuchämter Sache des Landesrechts, die Einrichtung der Grundbücher ist den Anordnungen der Landesjustizverwaltung überlassen (§§ 1, 2), und sind auf diesem Gebiete nur einzelne reichsrechtliche Bestimmungen (§§ 2—12) gegeben. Im Weiteren ist dann in einzelnen Punkten der Landesgesetzgebung, der landesherrlichen Verordnung und den Anordnungen der Landesjustizverwaltung ein näherer begrenzter Spielraum gewährt (§§ 83—102).

Den Kernpunkt des Gesetzes bildet der zweite Abschnitt (§§ 13—55), welcher die Eintragungen in das Grundbuch behandelt und insbesondere den Antrag bezw. das Ersuchen, die Bewilligung und die sonstigen Voraussetzungen der Eintragungen, die Eintragungen selbst, ihre Berichtigung und die Benachrichtigung der Betheiligten regelt. Daran schließt sich der dritte Abschnitt (§§ 56—70), welcher die über die Grundstückspfandrechte zu bildenden Briefe betrifft. Ein vierter Abschnitt (§§ 71—81) ordnet das Rechtsmittel der Beschwerde und weiteren Beschwerde. Der einleitende Abschnitt (§§ 1—12) enthält die schon erwähnten reichsrechtlichen Vorschriften über die Versehung der Grundbuchämter und die Einrichtung der Grundbücher, während der letzte Abschnitt (§§ 82—102), abgesehen von der Bestimmung über das Inkrafttreten des Gesetzes, nur das Verhältniß zum Landesrecht zum Gegenstande hat.

Bei dieser Sachlage stehen landesrechtliche Ausführungsbestimmungen zur Reichsgrundbuchordnung zu erwarten, durch welche erst das Grundbuchrecht zum vollen Abschluß gebracht wird.

Die reichsrechtliche Ordnung konnte sich nicht direkt an eine der bestehenden Grundbuchgesetzgebungen anschließen, da sie sich in erster Linie ganz dem Liegenschaftsrechte des B.G.B. unterzuordnen hatte. Gleichwohl läßt sich nicht verkennen, daß für das Gesetz in vielen Punkten die bereits bestehenden Grundbuchgesetze, und zwar in erster Linie die preußische Grundbuchordnung vorbildlich gewesen ist. Es handelt sich sachlich nicht um eine Neuschaffung, sondern nur um eine veränderte Ordnung des Bestehenden.

Die neue Grundbuchordnung hat in allen wesentlichen Fragen die bisherigen Grundsätze übernommen bezw. als Voraussetzung angenommen. Es konnte darüber von vornherein deshalb kein Zweifel sein, weil die wichtigsten dieser Grundsätze (Spezialität, Publizität, Konsens- und Antragsprinzip) schon in dem B.G.B. selbst ausgesprochen oder vorausgesetzt sind.

Technisch sind der pr. G.B.O. gegenüber erhebliche Fortschritte gemacht, namentlich ist die Kasuistik vielfach durch Generalregeln ersetzt.

Erster Abschnitt.
Allgemeine Vorschriften.

Grundbuchämter. Einrichtung der Grundbücher.

§. 1. Die Grundbücher werden von den Grundbuchämtern[1]) geführt.

Die Einrichtung der Bücher[2]) bestimmt sich nach den Anordnungen der Landesjustizverwaltung, soweit sie nicht in diesem Gesetze geregelt[3]) ist.

(I 1 Abs. 1, 16, II 1; M. 26, 47.)

[1]) Die Verfassung der G.B.A. ist der Landesgesetzgebung überlassen. Diese kann entweder das Amtsgericht im Ganzen oder eine bestimmte Abtheilung desselben zum G.B.A. bestimmen oder das G.B.A. als selbständige Staats- oder Gemeindebehörde einrichten oder mit einer anderen Staats- oder Gemeindebehörde vereinigen. Vgl. für letzteren Fall insbesondere § 100. Sie hat auch zu ermessen, ob die gesetzlichen Verrichtungen des G.B.A. durch einen oder mehrere Beamte wahrzunehmen und ob und inwieweit im letzteren Falle eine Theilung der Funktionen oder gemeinschaftliche Bearbeitung eintreten soll. Sie hat ferner die örtliche Zuständigkeit des G.B.A.

(vgl. Anm. 3 zu § 3), die Entscheidung der Zuständigkeitsstreitigkeiten, sowie die Folgen der Unzuständigkeit zu regeln. Außerdem fällt ihr anheim, die Erlangung der Fähigkeit zum G.B.Beamten, sowie die gesammten Dienstverhältnisse derselben zu bestimmen. Auch die Ausschließung und Ablehnung der G.B.Beamten untersteht der Landesgesetzgebung. Vgl. aber § 10. Ueber die Haftung der G.B.Beamten vgl. § 12. Das Landesrecht bestimmt auch über die Dienstaufsicht in G.B.Sachen einschließlich der im Aufsichtswege zu erledigenden Beschwerden über Verzögerungen und sonstige Ordnungswidrigkeiten. Dagegen ist für die sachlichen Beschwerden Instanzenzug und Verfahren in den §§ 71—81, 100, 101 dieses Gesetzes geordnet. Dazu die Befugniß zum sachlichen Einschreiten des Amtsgerichts nach § 101.

[2]) Für die Einrichtung der G.B. enthalten Bestimmungen die §§ 2—9, 85—92, 95, 96. Sache der Landesjustizverwaltung ist es insbesondere, ein Formular für die G.B.Bl. zu bestimmen, insbesondere die wohl unvermeidliche Eintheilung desselben in mehrere Abtheilungen (§ 879 B.G.B.) und die Form der einzelnen Eintragungen zu bestimmen. Vgl. aber §§ 45 ff. Das Verfahren, in welchem die Anlegung erfolgt, bestimmt landesherrl. V. (Art. 186 Abs. 1 E.G. B.G.B.).

[3]) Der Bestimmung des Landesrechts bleiben auch die in der G.B.O. nicht geregelten allgemeinen Grundsätze des Verfahrens vorbehalten, insbesondere die Form der Entscheidungen, Protokolle, Zeugnisse über die Eintragungen, Zustellungen, die gesammte Bureauverwaltung, insbesondere die Anlegung und Behandlung der Grundakten, das Verhältniß des Grundbuchs zum Kataster und Flurbuch, das Stempelwesen (vgl. aber § 31) und das Kostenwesen. (Materielle Bestimmungen in §§ 449, 897 B.G.B.)

Grundbuch-Bezirke. Bezeichnung der Grundstücke.

§. 2. Die Grundbücher sind für Bezirke einzurichten.[1])

Die Bezeichnung der Grundstücke[2]) erfolgt in den Büchern nach einem amtlichen Verzeichniß, in welchem die Grundstücke unter Nummern oder Buchstaben aufgeführt sind.[3]) Die Einrichtung des Verzeichnisses wird durch landesherrliche Verordnung bestimmt.[4])

(I 5 Abs. 1, 7, II 2; M. 30, 34. — §§ 1, 4 pr. G.B.O.)

[1]) d. h. dem G.B.A. ist ein bestimmter örtlicher Bezirk zu überweisen und dieser kann wieder in mehrere örtliche Bezirke getheilt werden, welche sich mit politischen Bezirken decken können, aber nicht zu decken brauchen, übrigens auch nur ein einziges Grundstück enthalten können. Für jeden Bezirk ist dann das G.B. als G.B. dieses Bezirks in einem oder mehreren Bänden einzurichten. Eine Ausnahme in § 85. Jeder Band enthält eines oder mehrere Grundbuchblätter (Grundbuchhefte), welche entweder nach § 3 oder nach § 4 eingerichtet werden, in jedem Falle aber wohl aus mehreren Papierblättern bestehen.

[2]) denen das Landesrecht überall die Bergwerke gleichstellen kann. Art. 67 E.G. B.G.B. vgl. § 68 pr. E.G., §§ 3, 9, 17 pr. G.B.O. Wegen des Erbbaurechts und anderer selbständiger Rechte s. § 7.

[3]) Zulässig ist, die Grundstücke zunächst in gewisse Gruppen zu zerlegen und für jede Gruppe eine besondere fortlaufende Nummern- oder Buchstabenreihe zu bilden. Für die Umgestaltung des bisherigen G.B. vgl. § 89.

[4]) Der Reichstag hat bei Verabschiedung der G.B.O. eine Resolution angenommen: „die verbündeten Regierungen

zu ersuchen, dahin zu wirken, daß bei der Neuanlage von G.B. das Verzeichniß auf eine Flurkarte gestützt sein müsse, in welcher die Grundstücke mit denselben Nummern oder Buchstaben bezeichnet sind, wie in dem Verzeichnisse". Es bleibt also der landesherrl. V. überlassen, das Verzeichniß (Flurbuch, Lagerbuch, Fundbuch, Meßregister) mit der Flurkarte zu verbinden oder nicht. Sie hat auch zu bestimmen, inwieweit das Verzeichniß und das G.B. Angaben über Lage und Größe der Grundstücke enthalten sollen und wie diese Angaben erforderlichenfalls zu berichtigen sind. Der öffentliche Glaube des G.B. (§ 892 B.G.B.) erstreckt sich auf diese Angaben nicht. — Vgl. auch § 96.

Grundbuchblatt.

§. 3. Jedes[1]) Grundstück erhält[2]) im Grundbuch[3]) eine[4]) besondere Stelle (Grundbuchblatt).[5]) Das Grundbuchblatt ist für das Grundstück als das Grundbuch im Sinne des Bürgerlichen Gesetzbuchs anzusehen.[6])

(I 6 Abs. 1, II 3; M. 32.)

[1]) Ausnahme § 90.

[2]) Ohne Antrag. Es wird vorausgesetzt, daß überall, wo Grundbücher noch nicht bestehen, solche nach der Anordnung der Landesjustizverwaltung (§ 2 Abs. 2) allgemein angelegt werden. Wegen nachträglicher Anlegung vgl. § 91 und wegen Wiederherstellung § 92.

[3]) des zuständigen G.B.A. Liegt das Grundstück in mehreren G.B.A.Bezirken, so bestimmt das Landesrecht, welches G.B.A. zuständig ist, und ob etwa bei den anderen G.B.A. ein Verweisungsblatt zu führen ist.

4) Bestehen bereits mehrere Bücher für ein Grundstück, so können sie beibehalten werden s. § 87. Im Uebrigen kann eine doppelte Buchung desselben Grundstücks nur in Folge eines Irrthums vorkommen. Die Beseitigung richtet sich nach Landesrecht, ebenso die Schließung des Blattes für ein z. B. durch Stromveränderungen abhanden gekommenes Grundstück. – Liegt das Grundstück in mehreren Bezirken desselben G.B.A. (§ 2 Abs. 1) so ist doch nur ein G.B.Bl. einzurichten.

5) Regel ist also, daß jedes für sich bestehende Grundstück (§§ 90, 890 B.G.B. über Bahneinheiten s. Art. 112 E.G. B.G.B.) ein besonderes G.B.Bl. (Anm. 1 zu § 2) erhält (s. g. Realfolium, pr. Formular I, §§ 6–13 pr. G.B.O.), welches alle auf dieses Grundstück bezüglichen Eintragungen aufnimmt, auch ein etwaiges auf dem Grundstück lastendes Erbbaurecht (§ 7) und andere selbstständige Gerechtigkeiten (§ 84), sowie die subjektiv-dinglichen Rechte, welche mit dem Grundstück verbunden sind (§ 7). Den Gegensatz bildet das G.B.Bl. nach § 4. Für Vereinigung von Grundstücken vgl. § 5. Wird ein Theil des Grundstücks veräußert (vgl. dazu Art. 119 Z. 2 B.G.B.), so muß derselbe mit der gesammten Belastung (Ausnahme Art. 120, 121 E.G. B.G.B.) abgeschrieben und ein besonderes G.B.Bl. gebildet werden (vgl. auch § 49). Für Belastungen eines Theils s. § 6. – Vgl. auch § 88 Satz 1 und § 96.

6) d. h. überall, wo in dem B.G.B. in Bezug auf ein Grundstück von dem G.B. die Rede ist, (z. B. § 873) ist darunter ausschließlich das dieses Grundstück betreffende G.B.Bl. zu verstehen (vgl. auch § 88 a. E.).

Gemeinschaftliches Grundbuchblatt.

§. 4. Ueber mehrere Grundstücke desselben[1]) Eigenthümers,[2]) die im Bezirke desselben[3]) Grundbuchamts[4]) belegen sind, kann ein gemeinschaftliches Grundbuchblatt[5]) geführt werden, solange hiervon Verwirrung nicht zu besorgen ist.[6])

(I 6 Abs. 2, II 4; M. 32.)

[1]) Vgl. aber § 87.

[2]) oder derselben Miteigenthümer, auch bei Gesammtgut. — Vgl. § 1438 B.G.B.

[3]) Vgl. aber § 86.

[4]) wenn auch in verschiedenen Bezirken im Sinne des § 2 Abs. 1.

[5]) Hauptsächlich bei zersplittertem Grundbesitz anwendbar, entsprechend dem pr. Formular II (§§ 14—16, 62, 63 pr. G.B.O.) oder entsprechend dem § 13 pr. G.B.O. unter Anwendung des Formular I. Im ersteren Falle ist der Anordnung im G.B. die Person des Eigenthümers zu Grunde gelegt. Man nennt deshalb ein solches G.B.Bl. wohl Personalfolium. In Wirklichkeit handelt es sich aber auch hier, im Gegensatz zu älteren Personalfolien nur um Realrechte und um Realhaftung und wird das Prinzip der Spezialität streng durchgeführt. Aus jeder Eintragung muß deutlich ersichtlich sein, auf welche der mehreren Grundstücke sie sich bezieht.

[6]) nach dem Ermessen des G.B.A. Bei dem Wegfall dieser und der übrigen Voraussetzungen ist, auch ohne Antrag, das gemeinschaftliche G.B.Bl. aufzuheben. — Bei Veräußerungen eines einzelnen Grundstückes muß dessen Uebertragung mit allen auf dasselbe bezüglichen noch gültigen Eintragungen auf ein neu anzulegendes G.B.Bl. oder auf ein bereits für den neuen Erwerber bestehendes gemeinschaftliches G.B.Bl. erfolgen.

Zuschreibung und Vereinigung von Grundstücken.

§. **5.** Ein Grundstück[1]) soll nur dann einem anderen Grundstück[2]) als Bestandtheil zugeschrieben oder mit ihm vereinigt werden,[3]) wenn hiervon Verwirrung nicht zu besorgen ist.[4])

(II 5. — § 5 pr. G.B.O.)

[1]) auch ein ideeller Antheil an einem solchen, z. B. das Miteigenthum an einem Hofe oder einer Einfahrt.

[2]) das auch in dem Bezirk eines anderen G.B.A. liegen kann. Die Zuständigkeit bestimmt die Landesgesetzgebung.

[3]) § 890 B.G.B. — Vgl. auch § 1131 B.G.B. Ausnahmen in Art. 119 Z. 2 E.G. B.G.B.

[4]) nach dem Ermessen des G.B.A. Eine Verschiedenheit der Belastung steht nicht schlechthin entgegen, kann aber Unklarheit des G.B. oder Schwierigkeiten bei der Zwangsvollstreckung im Gefolge haben.

Belastung eines Grundstückstheils.

§. **6.** Soll ein Grundstückstheil[1]) mit einem Rechte[2]) belastet werden,[3]) so ist er von dem Grundstück abzuschreiben und als selbständiges Grundstück einzutragen.[4]) Ist das Recht eine Dienstbarkeit[5]) oder eine Reallast,[6]) so kann die Abschreibung unterbleiben, wenn hiervon Verwirrung nicht zu besorgen ist.[7]) [8])

(I 26 Abs. 1, II 6; M. 61.)

[1]) d. h. ein wirklicher Theil, eine besondere Fläche. Auf ideelle Antheile (Bruchtheile eines Grundstücks im

Sinne des B.G.B. § 1114) findet die Bestimmung keine Anwendung.

[2]) Ausnahmen in Satz 2.

[3]) Im Allgemeinen zulässig. § 93 B.G.B. steht nicht entgegen.

[4]) Doch kann gemäß § 5 das bisherige G.B.Bl. als ein gemeinschaftliches Blatt für das alte und das neue Grundstück verwendet werden. — Vgl. auch Anm. 5 zu § 3.

[5]) Grunddienstbarkeit (§§ 1018 ff. B.G.B.), Nießbrauch (§§ 1030 ff. B.G.B.), beschränkte persönliche Dienstbarkeit (§§ 1090 ff. B. G. B.).

[6]) §§ 1105 ff. B.G.B., z. B. Altentheile, nicht aber Rentenschulden im Sinne des § 1199 B.G.B.

[7]) nach dem Ermessen des G.B.A.

[8]) Vgl. § 96.

Grundbuchblatt für ein Erbbaurecht.

§. 7. Ist auf dem Blatte eines Grundstücks ein Erbbaurecht[1]) eingetragen,[2]) so ist auf Antrag[3]) für dieses Recht ein besonderes Grundbuchblatt anzulegen.[4]) Die Anlegung erfolgt von Amtswegen, wenn das Recht veräußert oder belastet werden soll.[5])

Die Anlegung wird auf dem Blatte des Grundstücks vermerkt.

(II 7.)

[1]) §§ 1012 ff. B. — Entsprechende Anwendung auf Erbpachtrecht und Recht zur Gewinnung von Mineralien in § 84. — Vgl. im Uebrigen Art. 196 E.G. B.G.B. und wegen des Stockwerkseigenthums Art. 182 E.G. B.G.B.

[2]) Anm. 5 zu § 3. Die Eintragung der zur Entstehung des Erbbaurechts erforderlichen Einigung (§ 1015 B.G.B.) muß zunächst auf dem G.B.Bl. des Grundstücks erfolgen.

[3]) Ausnahme Satz 2.

[4]) Das Erbbaurecht wird rechtlich wie Grundstückseigenthum behandelt (§ 1017 B.G.B.). Das für dasselbe eingelegte G.B.Bl. ist das G.B. im Sinne des B.G.B. (vgl. § 3 a. E.)

[5]) weil dieses die Voraussetzung für die zu der Veräußerung (§ 925 B.G.B.) und Belastung (§ 873 B.G.B.) erforderliche Eintragung ist.

Subjektiv-dingliche Rechte.

§. 8. Rechte, die dem jeweiligen Eigenthümer eines Grundstücks zustehen,[1]) sind auf Antrag auch[2]) auf dem Blatte dieses Grundstücks[3]) zu vermerken.[4]) Antragsberechtigt ist der Eigenthümer des Grundstücks sowie Jeder, dessen Zustimmung nach §. 876 Satz 2 des Bürgerlichen Gesetzbuchs zur Aufhebung des Rechtes erforderlich ist.

Der Vermerk ist von Amtswegen[5]) zu berichtigen, wenn das Recht geändert oder aufgehoben wird.[6])

(II 8. — § 5 pr. G.B.O.)

[1]) Insbesondere Grunddienstbarkeiten stets (§ 1018 B.G.B), unter Umständen auch Vorkaufsrechte (§§ 1094 Abs. 2, 1103 Abs. 1 B.G.B.) und Reallasten (§§ 1105 Abs. 2, 1110 B.G.B.).

[2]) Sie werden bei ihrer Bestellung zunächst auf dem G.B.Bl. des belasteten Grundstücks eingetragen (§ 873 B.G.B. mit Anm. 5 zu § 3).

[3]) Sie sind (nicht wesentliche) Bestandtheile desselben (§ 96 B.G.B.), und werden als solche nicht nur durch seine Veräußerung, sondern auch durch seine Belastung ergriffen.

[4]) Folge § 21. Daß der Vermerk erfolgt ist, muß auch aus dem G.B.Bl. des belasteten Grundstücks ersichtlich sein.

[5]) Die Anregung dazu wird bei der Eintragung der Aenderung oder Aufhebung auf dem G.B.Bl. des belasteten Grundstücks gegeben.

[6]) §§ 876, 877 B.G.B.

Aufbewahrung von Urkunden.

§. **9.** Urkunden, auf die eine Eintragung sich gründet[1]) oder Bezug nimmt,[2]) sind von dem Grundbuchamt aufzubewahren. Die Herausgabe einer solchen Urkunde darf nur erfolgen, wenn statt der Urkunde eine beglaubigte Abschrift aufbewahrt wird.[3])

Ist über das einer Eintragungsbewilligung zu Grunde liegende Rechtsgeschäft[4]) eine Urkunde errichtet, so können[5]) die Betheiligten die Urkunde[6]) oder eine beglaubigte Abschrift dem Grundbuchamte zur Aufbewahrung übergeben.[7])

(I 14, II 9; M. 43. — § 82 pr. G.B.O.)

[1]) § 29.

[2]) §§ 874, 885 Abs. 2, 1115 Abs. 1 B.G.B. Vgl. § 50.

[3]) Ausnahme in § 95.

[4]) z. B. den einer Auflassung zu Grunde liegenden Kauf (Form. § 313 B.G.B.) oder den der Bestellung

einer Grundschuld zu Grunde liegenden Darlehnsvertrag. Vgl. § 48 Abs. 2 pr. G.B.O.

[5]) bez. im Falle des § 98 müssen.

[6]) d. h. bei öffentlichen Urkunden die ihnen ertheilte Ausfertigung.

[7]) Vgl. auch § 31.

Ausschließung der Gerichtspersonen.

§. **10.** Eine Eintragung in das Grundbuch ist nicht aus dem Grunde unwirksam, weil ein Grundbuchbeamter sie bewirkt hat, der von der Mitwirkung bei der Eintragung kraft Gesetzes oder in Folge einer Ablehnung ausgeschlossen ist.[1])

(Von der Reichstagskommission neueingefügter § 9a. Vgl. Bericht zu § 11 a. E.)

[1]) Der Ausschluß bestimmt sich nach Landesrecht Anm. 1 zu § 1. Die Bestimmung ist aber auch auf den Fall zu erstrecken, daß bei einer in der Beschwerdeinstanz getroffenen Anordnung einer Eintragung ein ausgeschlossener Richter mitgewirkt hat. Vgl. § 81 Abs. 2.

Einsicht des Grundbuchs. Ertheilung von Abschriften.

§. **11.** Die Einsicht des Grundbuchs[1]) ist Jedem gestattet, der ein berechtigtes[2]) Interesse darlegt. Das Gleiche gilt von Urkunden, auf die im Grundbuche zur Ergänzung einer Eintragung Bezug genommen ist,[3]) sowie von den noch nicht erledigten Eintragungsanträgen.[4])

Soweit die Einsicht des Grundbuchs, der im Abs. 1 bezeichneten Urkunden und der noch nicht erledigten

Eintragungsanträge gestattet ist, kann eine Abschrift[1]) gefordert werden; die Abschrift ist auf Verlangen zu beglaubigen.[5]) [6]) [7])

(I 15, II 10; M. 44. — §§ 19, 120 pr. G.B.O.)

[1]) Die etwaigen Kosten bestimmt das Landesrecht (Anm. 3 zu § 1).

[2]) Vgl. § 824 B.G.B., 193 St.G.B. — Der Begriff „berechtigtes Interesse" ist weiter als der Begriff „rechtliches Interesse" (§ 810 B.G.B.), insofern ein Rechtsverhältniß, auf welches das Interesse zu gründen wäre, nicht vorhanden zu sein braucht. Außer bei dem Eigenthümer, sämmtlichen auf dem Grundstück eingetragenen Personen und denjenigen, welche ein Recht auf den Erwerb von Eigenthum oder sonstigen Rechten an dem Grundstück haben (z. B. im Falle des § 648 B.G.B.), muß auch bei ernstlichen Reflektanten auf das Grundstück oder ein Recht an demselben ein berechtigtes Interesse angenommen werden.

[3]) Anm. 2 zu § 9.

[4]) § 17.

[5]) Ob die bei dem G.B.A. eingehenden und entstehenden, ein G.B.Bl. betreffenden Schriftstücke zu Grundakten vereinigt werden sollen, ist Sache der Landesjustizverwaltung, welche auch Einsicht und Abschriftenertheilung bezüglich des übrigen Inhalts der Grundakten zu regeln hat. Vgl. § 94.

[6]) Unberührt bleibt die auf dem öffentlichen Recht beruhende Befugniß von Behörden und Beamten auf Einsicht des Grundbuchs und Entnahme von Abschriften.

[7]) Eine Erweiterung des Rechts auf Einsicht und Abschriften ermöglicht § 93.

Haftung des Staates.

§. 12. Verletzt[1]) ein Grundbuchbeamter vorsätzlich oder fahrlässig[2]) die ihm obliegende Amtspflicht, so trifft den Betheiligten gegenüber die im §. 839 des Bürgerlichen Gesetzbuchs bestimmte Verantwortlichkeit[3]) an Stelle[4]) des Beamten den Staat oder die Körperschaft,[5]) in deren Dienste der Beamte steht.[6]) Das Recht des Staates oder der Körperschaft, von dem Beamten Ersatz zu verlangen,[7]) bleibt unberührt.

(I 4, II 11; M. 30. — §§ 29, 131 pr. G.B.O., § 32 d. elsaß-lothringischen G. v. 22. 6. 1891.)

1) durch Thun oder Unterlassen.

2) Es genügt jedes Außerachtlassen der in der Ausübung des Amtes erforderlichen Sorgfalt. § 276 B.G.B. Dagegen begründet ein Verstoß, dem ein subjektives Verschulden nicht zu Grunde liegt, z. B. eine unrichtige Ansicht in einer streitigen Rechtsfrage, auch wenn sie im Widerspruch mit einer Reichsgerichtsentscheidung steht, die Anwendung dieser Bestimmung nicht.

3) Das Recht auf Ersatz des aus der Verletzung entstehenden Schadens ist nach § 839 B.G.B. davon abhängig, daß die verletzte Amtspflicht dem Beamten gerade gegenüber dem Beschuldigten oblag, d. h. da Amtspflichten als solche stets nur gegenüber dem Dienstherrn bestehen, daß der Beschädigte bei der betreffenden amtlich zu behandelnden Angelegenheit betheiligt war. — Die Folgen des Versehens können unter Umständen gemäß § 54 beseitigt werden.

4) Jede Inanspruchnahme des G.B.Beamten durch Dritte auf Grund des § 839 B.G.B. ist also ausgeschlossen,

und, soweit § 839 den allgemeinen Grundsatz des § 823 B.G.B. absorbirt, auch die Inanspruchnahme aus § 823.

[5]) z. B. der Gemeinde. Vgl. Anm. 1 zu § 1.

[6]) Diese prinzipale Haftung des Staates ist eine höchst werthvolle, zunächst für Elsaß-Lothringen geschaffene Neuerung, welche gleichzeitig der Sicherung des Grundbuchverkehrs und dem Schutze der G.B.Beamten gegen Härten dient.

[7]) Dieses Recht bestimmt sich nach dem Dienstverhältniß. § 839 B.G.B. kann nicht in Frage kommen, da er nur vom Ersatzrecht Dritter handelt, wohl aber § 823 und §§ 241, 276 B.G.B. Die Schädigung des Staates oder der Körperschaft liegt dabei in dem dem Dritten zu leistenden Ersatz.

Zweiter Abschnitt.

Eintragungen in das Grundbuch.

I. Antrag.

§. **13.** Eine Eintragung[1]) soll, soweit nicht das Gesetz ein Anderes vorschreibt,[2]) nur auf Antrag[3]) erfolgen. Der Zeitpunkt,[4]) in welchem ein Antrag bei dem Grundbuchamt[5]) eingeht, soll auf dem Antrage genau[6]) vermerkt werden.

Antragsberechtigt ist Jeder, dessen Recht von der Eintragung betroffen wird[7]) oder zu dessen Gunsten die Eintragung erfolgen soll.[8]) [9]) [10])

(I 19, II 12; M. 51. — §§ 30, 42 pr. G.B.O.)

[1]) Dieser Ausdruck bezieht sich hier und überall in der G.B.O., wo sich nicht ein Anderes ergiebt, auf alle Arten von Einschreibungen in das G.B. — In der ersten Linie stehen die endgültigen Eintrggungen, welche bestimmt sind, entweder durch die Eintragung eine Rechtsänderung herbeizuführen (§ 873 B.G.B.) oder das von vornherein unrichtig gewesene bezw. durch eine ohne Eintragung eingetretene Rechtsänderung unrichtig gewordene G.B. mit der Wirklichkeit in Uebereinstimmung zu bringen (Grundbuchberichtigungen § 894 B.G.B., z. B. §§ 1942, 1287 B.G.B.). Inhaltlich können die endgültigen Eintragungen sowohl die Entstehuna des Rechts (§ 873 B.G.) oder dessen Untergang, der regelmäßig durch Löschung (§ 47) erfolgt oder zum Ausdruck gelangt (§§ 22 ff., für das Eigenthum vgl. § 928 B.G.B. mit Art. 129 E.G. B.G.B.), als auch die Uebertragung und Belastung desselben, sowie Personenwechsel anderer Art (§§ 873, 1132, 1154, 1163, 1168, 1173, 1174, 1175, 1177, 1182, 1274, 1291 B.G.B.); endlich andere Aenderungen, z. B. Wechsel der persönlichen Forderung (§ 1180), Ausschluß des Hypothekenbriefs (§ 1116 B.G.B.), Höchstbetrag des Wertherſatzes (§ 882 B.G.B.), Rangänderung (§§ 880, 1151 B.G.B.), Rangvorbehalt (§ 881 B.G.B.). Die Zahl der eintragungsfähigen dinglichen Rechte ist nach dem B.G.B. eine geschlossene, nämlich Eigenthum (§§ 903 ff.), Erbbaurecht (§§ 1012 ff.), Dienstbarkeiten (§§ 1018 ff.), Vorkaufsrecht (§§ 1094 ff.), Reallasten (§§ 1105 ff.) einschließlich der aus §§ 914, 917 entstehenden Renten und Pfandrechte (§§ 1113 ff.). Der Besitz (§§ 854 B.G.B.) ist nicht eintragungsfähig. Ebensowenig kann das Verwaltungs- und Nutzungsrecht des Ehemannes und der Eltern (§§ 1363, 1649 B.G.B.), sowie das Miethsrecht (trotz § 572 B.G.B.) eingetragen werden. — Hinzu treten aber die im B.G. dem Landesrecht darbehaltenen Rechtseinrichtungen, wie Familienfideikommiß, Lehen, Stamm-

gut, Rentengut, Anerbenrecht (Art. 59, 62, 64), Revenuenhypothek (Art. 60), Wasserrecht, Deich- und Sielrecht, Bergrecht (Art. 65—67), Enteignung (Art. 101), Wiederherstellung zerstörter Gebäude (Art. 110), Grundstückszusammenlegung (Art. 113), Stockwerkseigenthum (Art. 182) und für den Uebergang ferner Art. 184, 187—197. — Zu den endgültigen Eintragungen treten die Vormerkungen (§§ 883 ff., 1179 B.G.B., § 18 Abs. 2) zur Erhaltung des Rechts auf eine Eintragung, die Widersprüche gegen die Richtigkeit des Grundbuchs (§§ 899, 1139 B.G.B., § 18 Abs. 2, 23), Verfügungsbeschränkungen (§ 892 B.G.B.) und Sperrvermerke (z. B. § 106 K.O.). Ueberall aber gilt der Grundsatz, daß das G.B. nur solche Arten von Eintragungen aufzunehmen hat, welche durch das B.G.B. oder andere Rechtsnormen als eintragungsfähig bezeichnet sind.

²) Den Gegensatz bildet sowohl die Eintragung von Amtswegen, d. h. ohne Antrag, z. B. §§ 7, 8 Abs. 2, 23, 49, 52, 53, 54, 76, als auch die Eintragung auf Grund des Ersuchens einer Behörde (§ 39).

³) Antragsrecht in Abs. 2 und den §§ 14, 15. Bezüglich der Verfügungsbeschränkungen vgl. § 878 B.G.B. Den Inhalt des Antrages bildet das Verlangen, daß die Eintragung vorgenommen werde. Ueber die Bezeichnung des Grundstücks und des Geldbetrages § 28. Unzulässigkeit der Anträge unter Vorbehalt § 15 Abs. 1. Ueber die Bestimmung der Reihenfolge mehrerer Anträge durch die Partei § 15 Abs. 2. Ueber die Form §§ 29, 30, Zurücknahme § 32. Die regelmäßige Grundlage des Antrages ist die Eintragungsbewilligung (Konsensprinzip) §§ 19—28, dazu § 29. Vgl. a. §§ 873, 874, 876, 877, 885, 894, 899, 925, 1015 B.G.B. Dazu treten die Erfordernisse des Eingetragenseins der Betroffenen (§§ 40, 41) und unter Umständen der Vorlegung des Briefes und

anderer Urkunden (§§ 42—44). Unter Umständen auch gerichtliche oder sanstige staatliche Genehmigung, z. B. § 1821 Z. 1 B.G.B., Art. 88 E.G. B.G.B., Innehaltung der Verschuldungsgrenze (Art. 117 E.G. B.G.B.). Ueber andere Voraussetzungen §§ 33—38 und hinsichtlich der Form § 29. Ueber die Behandlung der Anträge §§ 17, 18, 45—55.

[4]) Besondere Bedeutung in den §§ 878, 892 Abs. 2 B.G.B.

[5]) Ob darunter bei Verbindung mit einem Amtsgericht oder einer anderen Behörde nur die besondere für G.B.Sachen gebildete Abtheilung zu verstehen ist, hängt von der landesrechtlichen Einrichtung der Behörde (Anm. 1 zu § 1) ab.

[6]) nöthigenfalls nach der Minute. Vgl. § 17.

[7]) §§ 873, 875, 876, 877, 880, 885 Abs. 1, 886, 894, 899, 1119, 1152, 1178, 1183 B.G.B. Neben wirklich Berechtigten kommen auch nur buchmäßig Berechtigte in Frage. Der Eigenthümer wird durch alle inhaltlichen Aenderungen der eingetragenen Rechte betroffen, auch durch die Umwandlung einer Art von Grundstückspfändern (Anm. 1 zu § 26) in eine andere, sowie durch die Umwechslung der zu Grunde liegenden Forderung (§§ 1116, 1180, 1186, 1198 B.G.B.). — Bei einzutragenden Vermächtnissen sind zunächst die Beschwerten die Betroffenen (§ 2174 B.G.B.).

[8]) Neben demjenigen, der als Berechtigter eingetragen werden soll, können auch solche Personen in Betracht kommen, zu deren Gunsten eine Eintragung wirkt, z. B. nachstehende Berechtigte bei dem Antrage auf Löschung eines vorstehenden Rechts. Vgl. § 899 B.G.B. — Eine Erweiterung bringt § 14.

[9]) Von mehreren Antragsberechtigten kann jeder für sich den Antrag stellen.

[10]) Jeder Antragsteller wird durch den Notar vertreten gemäß § 15. Andere Bevollmächtigte und Vertreter haben ihre Berechtigung besonders nachzuweisen. — Vgl. §§ 29—32.

1. Antragsrecht auf Grund eines vollstreckbaren Titels gegen einen nichteingetragenen Berechtigten.

§. **14.** Die Berichtigung des Grundbuchs [1]) durch Eintragung eines Berechtigten [2]) darf auch von demjenigen [3]) beantragt werden, welcher auf Grund eines gegen den Berechtigten [4]) vollstreckbaren Titels [5]) eine Eintragung in das Grundbuch verlangen kann, [6]) sofern die Zulässigkeit dieser Eintragung von der vorgängigen Berichtigung des Grundbuchs abhängt. [7])

(I 45 Abs. 1 Satz 2, Abs. 2, II 13; M. 81.)

[1]) § 894 B.G.B. Gegensatz Eintragungen, durch welche die Rechtsänderung erst bewirkt werden soll (vgl. Anm. 1 zu § 13). Es wird sich insbesondere nicht nur um Beseitigung versehentlich oder ungültig eingetragener Berechtigter, sondern auch um eine Rechtsnachfolge handeln, welche ohne Eintragung in das G.B. erfolgt ist, z. B. § 1942 B.G.B.

[2]) Gegensatz Löschung und Eintragung von sonstigen Aenderungen ohne Aenderung der Person des Berechtigten.

[3]) Vgl. aber Anm. 10 zu § 13.

[4]) d. h. den einzutragenden Berechtigten.

[5]) Vgl. zunächst §§ 644, 702, 706 C.P.O.

[6]) sei es, daß der Inhalt des Titels in der Verurtheilung zu einer Eintragung bezw. deren Bewilligung

besteht, sei es, daß mit dem Titel die Befugniß, eine Eintragung zu seiner Sicherung ohne Weiteres zu verlangen, gesetzlich verbunden ist, wie dieses bezüglich jeder persönlichen Verurtheilung zu einer Geldschuld der Fall ist, sofern das Institut der Zwangshypothek beibehalten wird oder die Eintragung des Schuldners als Voraussetzung der Zwangsversteigerung oder Zwangsverwaltung gegen ihn vom Gesetz verlangt wird. Vgl. § 17 Abs. 1 Zwangsversteigerungsges.

[7]) Insbesondere gemäß § 40 (vgl. Anm. 5 zu § 40).

2. Antragsrecht der Notare.

§. **15.** Ist die zu einer Eintragung erforderliche Erklärung[1]) von einem Notar[2]) beurkundet[3]) oder beglaubigt,[4]) so gilt dieser[5]) als ermächtigt, im Namen eines Antragsberechtigten[6]) die Eintragung zu beantragen.[7])

(I 44, II 14; M. 80. — §. 36 pr. G.B.O.)

[1]) Es handelt sich um die neben dem Antrage erforderliche Erklärung (vgl. Anm. 3 zu § 13). Für Auflassungen kommt die Bestimmung nur in Frage, soweit ein Notar dieselbe gemäß Art. 143 Abs. 1 B.G.B. entgegennehmen kann.

[2]) Das Notariat ist durch das Landesrecht geregelt.

[3]) § 128 B.G.B. Daß das zu Grunde liegende Rechtsgeschäft (§§ 9 Abs. 2, 98) beurkundet ist, genügt nicht (vgl. Anm. 1).

[4]) § 129 B.G.B.

[5]) ohne Vollmacht. Bezüglich anderer Personen greifen §§ 29—32 Platz.

[6]) Anm. 7—9 zu § 13.

[7]) Wegen der Beschwerde s. § 80 Abs. 1.

3. Anträge unter Vorbehalt. Antrag auf mehrere Eintragungen.

§. 16. Einem Eintragungsantrage,[1]) dessen Erledigung an einen Vorbehalt[2]) geknüpft wird, soll[3]) nicht stattgegeben werden.[4])

Werden mehrere Eintragungen beantragt, so kann von dem Antragsteller bestimmt werden,[5]) daß die eine Eintragung nicht ohne die andere erfolgen soll.[6])

(I 38, II 15; M. 72.)

[1]) oder Ersuchen, Anm. 3 zu § 39.

[2]) z. B. daß die Eintragung einer Hypothek erst geschehen solle, nachdem die Zahlung des Darlehnes erfolgt ist. Nicht getroffen wird dagegen ein Vorbehalt, der den Inhalt der Eintragung selbst bilden soll z. B. § 881 B.G.B.

[3]) Eine unter Nichtbeachtung dieser Vorschrift erfolgte Eintragung ist nicht schon deshalb ungiltig.

[4]) Eine Ausnahme bildet Abs. 2.

[5]) Es kann sich das auch aus den Umständen ergeben.

[6]) Auf diese Art lassen sich insbesondere Eintragungen Zug um Zug sicher bewerkstelligen.

4. Verschiedene Anträge bezüglich desselben Rechts.

§. 17. Werden mehrere Eintragungen beantragt, durch die dasselbe Recht betroffen wird,[1]) so darf[2]) die später[3]) beantragte Eintragung[4]) nicht vor[5]) der Erledigung[6]) des früher gestellten Antrags erfolgen.[7])

(I 49 Abs. 1, II 16; M. 87. — § 45 pr. G.B.O.)

[1]) Vgl. Anm. 7 zu § 13.

[2]) Insbesondere wegen § 879 B.G.B., der auch bei Verletzung dieser Vorschrift für den Rang maßgebend bleibt.

[3]) Anm. 6 zu § 13.

[4]) sofern nicht der Fall des § 16 Abs. 2 vorliegt.

[5]) Also frühestens im unmittelbaren Anschluß an die früher beantragte Eintragung. Daraus ergiebt sich zugleich die für den Rang zunächst maßgebende Stelle im G.B. — Vgl. § 46.

[6]) d. h. Eintragung oder endgiltige Zurückweisung. Ueber die Behandlung von Anträgen, welche eingehen, während bezüglich des früher gestellten Antrages die Frist des § 18 läuft, vgl. § 18 Abs. 2. — Vgl. a. § 76.

[7]) Auch auf Ersuchen von Behörden anwendbar. Anm. 4 zu § 39.

5. Abweisung und Beanstandung.

§. 18. Steht einer beantragten Eintragung ein Hinderniß[1]) entgegen, so hat das Grundbuchamt entweder den Antrag unter Angabe der Gründe zurückzuweisen[2]) oder[3]) dem Antragsteller eine angemessene Frist zur Hebung des Hindernisses zu bestimmen.[4]) Im letzteren Falle ist der Antrag nach dem Ablaufe der Frist zurückzuweisen, wenn nicht inzwischen die Hebung des Hindernisses nachgewiesen ist.[5])

Wird vor der Erledigung des Antrags eine andere Eintragung beantragt, durch die dasselbe Recht betroffen wird,[6]) so ist zu Gunsten des früher gestellten Antrags von Amtswegen eine Vormerkung[7]) oder ein Widerspruch[8]) einzutragen; die Eintragung gilt im Sinne des §. 17 als Erledigung dieses Antrags.[9]) Die Vormerkung oder der Widerspruch wird von Amtswegen gelöscht, wenn der frühergestellte Antrag zurückgewiesen wird.[10])

(I 48, 49 Abs. 2, II 17. — Abs. 2 ist von der Reichstagskommission hinzugefügt; — M. 86, 88 — § 46 pr. G.B.O.)

[1]) irgend welcher Art. Es kann sich sowohl um Mängel der Begründung, Mängel der Form, Fehlen oder Mangelhaftigkeit der sonstigen Voraussetzungen, insbesondere der Eintragungsbewilligung und anderer vorzulegender Urkunden handeln, ebenso aber auch um besondere Umstände, welche der Eintragung entgegenstehen.

[2]) Dann geht die durch die Einreichung des Antrags gewahrte Priorität (§ 46, Anm. 5 zu § 17) wieder verloren.

[3]) Das Ermessen der G.B.A. ist gesetzlich ohne Schranken, obwohl von seinem Gebrauch unter Umständen der Gewinn oder Verlust von Millionen für einen der Betheiligten abhängen kann. Soll Willkür vermieden werden, so darf die Bestimmung nur so gehandhabt werden, daß die Zwischenverfügung die Regel bildet und eine Zurückweisung nur dann erfolgt, wenn von vornherein feststeht, daß das Hinderniß nicht zu beseitigen ist. So wird freilich der Steller mangelhafter Anträge vor dem begünstigt, der den gesetzlichen Bestimmungen zu genügen trachtet und werden zur Wahrung

der Priorität sehr häufig die Anträge gestellt werden, ehe die nöthigen Unterlagen beschafft sind. Es erscheint das aber gegenüber einer grundsatzlosen Handhabung des Ermessens als das geringere Uebel.

4) s. g. Zwischenverfügung oder „temporisirende" Vf. Wird das Hinderniß gehoben, so erfolgt die Eintragung mit der durch den mangelhaften Antrag (Anm. 3 zu § 46) erworbenen Priorität. Erheblich auch für die §§ 878, 892 Abs. 2 B.G.B. Wegen der Behandlung der Kollision mit einem zweiten Antrage s. Abs. 2.

5) Die Gewährung einer Nachfrist ist nicht gestattet, sofern die erste Frist angemessen war, was in der Beschwerdeinstanz nachgeprüft werden kann.

6) Anm. 7 zu § 13.

7) Im Falle des § 883 B.G.B.

8) Im Falle der §§ 894, 899 B.G.B.

9) d. h. es kann die später beantragte Eintragung vorgenommen werden, was namentlich im Falle des § 1139 B.G.B. wichtig ist.

10) Anwendbar auch auf Ersuchen von Behörden (Anm. 4 zu § 39).

II. Eintragungsbewilligung.

§. 19. Eine Eintragung[1]) erfolgt, wenn derjenige sie bewilligt,[2]) dessen Recht von ihr betroffen[3]) wird.[4])[5])[6])[7])[8])

(I 21 Abs. 1, II 18; M. 55 — § 41 pr. G.B.O.)

1) Vgl. Anm. 3 zu § 13.

[2]) Besonderer Inhalt in § 28, Form § 29. Eine Prüfung der Legalität der zu Grunde liegenden Rechtsgeschäfte findet nach dem Konsensprinzip nicht mehr statt. Ausnahme in § 98.

[3]) Anm. 7 zu § 13. Werden die Rechte Mehrerer betroffen, so ist die Bewilligung Aller erforderlich.

[4]) Es kommt nicht darauf an, ob nach materiellem Recht eine einseitige Erklärung genügt (z. B. §§ 875, 928, 1132 Abs. 2, 1168 Abs. 2, 1188 Abs. 1, 1195, 1196 Abs. 2 B.G.B.) oder eine Einigung erforderlich ist (z. B. § 873, 877, 880 Abs. 2, 1166 Abs. 2 und 3, 1180). Um die Eintragung zu erlangen, genügt auch entsprechend dem in § 873 Abs. 2 a. E. B.G.B. zum Ausdruck gelangten Gedanken in den letztgedachten Fällen die Bewilligung im Sinne des § 19. — Eine Ausnahme machen nur die Fälle des § 20.

[5]) Die Einwilligung fällt unter Umständen weg gemäß §§ 22, 27, auch im Falle des § 1139 B.G.B., ferner bei Löschungen, wenn bezüglich der Eintragung ein Ausschlußurtheil vorliegt (§§ 887, 927, 1170, 1171 B.G.B.). Sie wird ersetzt gemäß §§ 25, 26, bei Aneignung durch den Fiskus nach § 928 B.G.B. und bei Erlöschen der Hypothek (§§ 1173, 1181 B.G.B.).

[6]) In den Fällen der §§ 885, 899 B.G.B. genügt statt der Bewilligung die einstweilige Verfügung.

[7]) Ganz allgemein wird die Bewilligung durch die Verurtheilung zur Bewilligung ersetzt gemäß § 779 C.P.O. — Ansprüche darauf bestehen z. B. nach §§ 888, 894, 1438 B.G.B.

[8]) Sofern, wie beabsichtigt ist, das Institut der Zwangshypothek beibehalten werden sollte, wird die Bewilligung durch den vollstreckbaren Titel wegen einer persönlichen Geldforderung ersetzt.

Bei Auflassung von Grundstücken und dem Erbbaurecht.

§. **20.** Im Falle der Auflassung eines Grundstücks[1]) sowie im Falle der Bestellung[2]) oder Uebertragung[3]) eines Erbbaurechts[4]) darf die Eintragung nur erfolgen, wenn die erforderliche Einigung des Berechtigten und des anderen Theiles erklärt ist.[5])[6])

(I 21 Abs. 1, II 19; M. 55.)

[1]) § 925 B.G.B. mit Art. 143 E.G. B.G.B.

[2]) § 1015 B.G.B. mit Art. 143 E.G. B.G.B.

[3]) § 1017 B.G.B.

[4]) Weitere Anwendung in § 84.

[5]) Vgl. Anm. 4 zu § 19.

[6]) Auch hier Ersatz durch Verurtheilung gemäß § 779 C.P.O.

2. Bei subjektiv-dinglichen Rechten.

§. **21.** Steht ein Recht, das durch die Eintragung betroffen wird,[1]) dem jeweiligen Eigenthümer eines Grundstücks zu,[2]) so bedarf es der Bewilligung derjenigen, deren Zustimmung nach §. 876 Satz 2 des Bürgerlichen Gesetzbuchs zur Aufhebung des Rechtes erforderlich ist, nur dann,[3]) wenn das Recht auf dem Blatte des Grundstücks vermerkt ist.[4])

(II 20.)

[1]) Anm. 7 zu § 13.

[2]) Anm. 1 zu § 8.

[3]) Anm. 5 zu § 19. Die Bestimmung ist nicht nur eine Ausnahme von dem § 19, sondern auch von den §§ 876, 877 B.G.B., welche die Zustimmung ohne Rücksicht auf den Vermerk fordern.

[4]) Gemäß § 8.

3. Bei Berichtigung des Grundbuchs.

§. **22.** Zur Berichtigung des Grundbuchs[1]) bedarf es der Bewilligung desjenigen, dessen Recht von der Berichtigung betroffen wird,[2]) nicht,[3]) wenn die Unrichtigkeit nachgewiesen[4]) wird. Dies gilt insbesondere für die Eintragung oder Löschung einer Verfügungsbeschränkung.

Die Berichtigung des Grundbuchs durch Eintragung eines Eigenthümers oder eines Erbbauberechtigten[5]) darf, sofern nicht der Fall des §. 14 vorliegt, nur mit Zustimmung des Eigenthümers oder des Erbbauberechtigten erfolgen.[6])

(II 21.)

[1]) § 894 B.G.B. mit Anm. 1 zu § 13. Es handelt sich auch um den Fall, daß das G.B. durch eingetretene Rechtsänderungen unrichtig geworden ist, z. B. durch Eintritt der Gütergemeinschaft. Vgl. dazu §§ 1438 Abs. 3, 1519, 1549 B.G.B. — Wegen Grundbuchberichtigung ohne Antrag vgl. § 54.

[2]) Anm. 3 zu § 19.

[3]) Anwendung auch in § 27. Ausnahmen in Abs. 2, in § 23 und unter Umständen auch in § 27.

[4]) Form des Nachweises § 29. So genügt z. B. in

den Fällen der §§ 1144, 1145, 1167 B.G.B. statt der Bewilligung die bloße Quittung.

[5]) Weitere Fälle in § 84.

[6]) Das entspricht dem Gedanken des § 20. Die Zustimmung bedarf aber nur der in § 29 bestimmten Form. Auflassungsform ist nicht erforderlich.

4. Bei Löschung von Rechten auf Lebenszeit.

§. **23.** Ein Recht, das auf die Lebenszeit des Berechtigten beschränkt ist,[1]) darf nach dessen Tode, falls Rückstände von Leistungen nicht ausgeschlossen sind, nur mit Bewilligung des Rechtsnachfolgers gelöscht werden,[2]) wenn die Löschung vor dem Ablauf eines Jahres nach dem Tode des Berechtigten erfolgen soll oder wenn der Rechtsnachfolger der Löschung[3]) bei dem Grundbuchamte widersprochen hat;[4]) der Widerspruch ist von Amtswegen in das Grundbuch einzutragen. Ist der Berechtigte für todt erklärt, so beginnt die einjährige Frist mit der Erlassung des die Todeserklärung aussprechenden Urtheils.[5])

Der im Abs. 1 vorgesehenen Bewilligung des Rechtsnachfolgers bedarf es nicht, wenn im Grundbuch eingetragen ist, daß zur Löschung des Rechtes der Nachweis des Todes des Berechtigten genügen soll.

(II 22. — § 102 pr. G.B.O.)

[1]) Z. B. § 1061 mit § 1090 Abs. 4 B.G.B. — Entsprechende Anwendung im Falle des § 24.

[2]) An sich würde nach § 22 der Nachweis des Todes genügen.

³) Vor ihrer Ausführung.

⁴) Ausnahme für beide Alternativen in Abs. 2.

⁵) § 18 B.G.B.

5. Bei Löschung anderer zeitlich beschränkter Rechte.

§. **24.** Die Vorschriften des §. 23 finden entsprechende Anwendung, wenn das Recht mit der Erreichung eines bestimmten Lebensalters des Berechtigten oder mit dem Eintritt eines sonstigen bestimmten Zeitpunkts oder Ereignisses erlischt.

(II 23.)

6. Bei Löschung einer Vormerkung oder eines Widerspruchs.

§. **25.** Ist eine Vormerkung oder ein Widerspruch auf Grund einer einstweiligen Verfügung[1]) eingetragen, so bedarf es zur Löschung nicht der Bewilligung des Berechtigten, wenn die einstweilige Verfügung durch eine vollstreckbare Entscheidung aufgehoben ist. Diese Vorschrift findet entsprechende Anwendung, wenn auf Grund eines vorläufig vollstreckbaren Urtheils nach den Vorschriften der Civilprozeßordnung[2]) eine Vormerkung oder ein Widerspruch eingetragen ist.

(II 24 — § 19 pr. A.G. C.P.O.)

¹) §§ 885 Abs. 1, 899 Abs. 2 B.G.B. — Vgl. Anm. 5 zu § 19.

²) Nach dem in Aussicht genommenen § 779a C.P.O.

7. Bei Uebertragung und Belastung von Briefpfändern.

§. **26.** Soll die Uebertragung einer Hypothek, Grundschuld oder Rentenschuld, über die ein Brief ertheilt ist,[1]) eingetragen werden,[2]) so genügt es, wenn an Stelle der Eintragungsbewilligung[3]) die Abtretungserklärung[4]) des bisherigen Gläubigers vorgelegt wird.[5])

Diese Vorschrift findet entsprechende Anwendung, wenn eine Belastung der Hypothek, Grundschuld oder Rentenschuld[6]) oder die Uebertragung oder Belastung einer Forderung, für die ein eingetragenes Recht als Pfand haftet,[7]) eingetragen werden soll.[8])

(I 36, II 25; M. 70. — §§ 80, 81, 84 pr. G.B.O. — § 40.)

[1]) Briefpfand §§ 1116, 1192, 1199. Der Ausdruck Pfand wird vom B.G.B. und der G.B.O. vermieden, weil das B.G.B. im Widerspruch mit dem allgemeinen Sprachgebrauch unter Pfand nur ein Mobiliarpfand versteht.

[2]) Die Eintragung ist nur fakultativ. — Vgl. §§ 1154, 1192 Abs. 1 B.G.B.

[3]) Ausnahme von § 19.

[4]) Form § 29. — Statt der Abtretung genügten gemäß § 1155 Satz 2 B.G.B. Ueberweisung, Beschluß und Anerkenntniß.

[5]) Die Annahmeerklärung ist nicht erforderlich. Wegen Verlegung des Briefs vgl. §§ 42, 43.

[6]) Nießbrauch (§§ 1069, 1154, 1192 B.G.B.), Pfandrecht (§§ 1274, 1154, 1192 B.G.B.).

[7]) Vgl. § 401 B.G.B.

[8]) Dadurch ist zugleich die im B.G.B. nicht vorgesehene Zulässigkeit einer solchen Eintragung begründet. Der öffentliche Glaube des Grundbuchs (§ 892 B.G.B.) erstreckt sich aber weder auf den Bestand der Forderung noch auf die Legitimation des Gläubigers.

8. Bei Löschung von Pfandrechten und deren Belastung.

§. **27.** Eine Hypothek, eine Grundschuld oder eine Rentenschuld[1]) darf nur mit Zustimmung des Eigenthümers des Grundstücks gelöscht werden.[2])

Ein Recht,[3]) mit dem eine Hypothek, eine Grundschuld oder eine Rentenschuld belastet ist, darf nur mit Zustimmung desjenigen gelöscht werden, welchem die Hypothek, die Grundschuld oder die Rentenschuld zusteht.[4]) Für eine Löschung, die zur Berichtigung des Grundbuchs erfolgen soll,[5]) ist die Zustimmung nicht erforderlich,[6]) wenn die Unrichtigkeit nachgewiesen wird.[7])

(I 35, II 26; M. 70.)

[1]) gleichviel, ob es sich um ein Briefpfand (Anm. 2 zu § 26) handelt oder nicht. — Vgl. aber § 69.

[2]) Für den Fall der Aufhebung des Pfandrechts (§§ 1183, 1192 B.G.B.) ist das nur eine selbstverständliche Anwendung des § 29. Dagegen ist es für den Fall einer Grundbuchberichtigung unter Umständen eine Ausnahme von § 22. — Wegen Vorlegung von weiteren Urkunden vgl. § 44.

[3]) Anm. 6 zu § 26.

[4]) Anwendung von § 19 unter Berücksichtigung der §§ 1063, 1068, 1256, 1273 B.G.B.

[5]) Anm. 1 zu § 22.
[6]) Entsprechend dem § 22.
[7]) z. B. im Falle des § 1255 mit § 1273 B.G.B.

III. Bezeichnung des Grundstücks und des Geldbetrags.

§. **28.** In der Eintragungsbewilligung[1]) oder, wenn eine solche nicht erforderlich ist,[2]) in dem Eintragungsantrag[3]) ist das Grundstück übereinstimmend mit dem Grundbuch[4]) oder durch Hinweisung auf das Grundbuchblatt zu[5]) bezeichnen. Einzutragende Geldbeträge sind in Reichswährung anzugeben.[6])[7])

(I 25, 29, II 27; M. 60, 64. — § 23 pr. E.E.G.)

[1]) § 19.
[2]) Anm. 5—8 zu § 19.
[3]) Anm. 3 zu § 13, bezw. in dem Ersuchen, Anm. 3 zu § 39.
[4]) § 2 Abs. 2.
[5]) § 3 ff., sofern sich daraus das Grundstück zweifellos ergiebt.
[6]) Vgl. § 1115 B.G.B. u. § 56. Die Bestimmung gilt auch für Reallasten (§§ 1105 ff. B.G.B.), soweit dieselben auf Geld gehen und im Falle des § 882 B.G.B.
[7]) Die weiteren für die Eintragungen erforderlichen Angaben ergeben sich aus den Bestimmungen für den einzelnen Fall z. B. für Pfandrechte aus §§ 1115, 1192, 1199 B.G.B., für Sicherungshypotheken aus § 1184 B.G.B., Maximalhypotheken aus § 1190 B.GB.

IV. Nachweis der Voraussetzungen.

§. **29.** Eine Eintragung soll[1]) nur erfolgen, wenn die Eintragungsbewilligung[2]) oder die sonstigen zu der

Eintragung erforderlichen Erklärungen[3]) vor dem Grundbuchamte zu Protokoll gegeben[4]) oder durch öffentliche[5]) oder öffentlich beglaubigte Urkunden[6]) nachgewiesen werden. Andere Voraussetzungen der Eintragung[7]) bedürfen, soweit sie nicht bei dem Grundbuchamt offenkundig[8]) sind, des Nachweises durch öffentliche[9]) Urkunden.[10])[11])

(I 39, 40, II 28; M. 72, 75. — §§ 31 ff. pr. G.B.O.)

[1]) Ordnungsvorschrift, welche auf die Gültigkeit der Eintragung ohne Einfluß ist.

[2]) § 19.

[3]) namentlich die Bewilligung nach §§ 23 Abs. 1, 24, die Abtretungserklärung nach § 26 und die Zustimmung nach §§ 22 Abs. 2, 27, 66, die Erklärung des § 58 Abs. 3, der Bestimmung nach § 60 Abs. 2, auch die erforderlichen Vollmachten. Ausnahmen für Antrag und Vollmacht dazu in § 30.

[4]) Anm. 1 und 3 zu § 1. Der durch das Landesrecht zu bestimmende Beamte des G.B.A. (Anm. 1 zu § 1) ist verpflichtet, alle diese Erklärungen zu Protokoll zu nehmen. Das Landesrecht kann diese Verpflichtung zur Protokollirung noch erweitern.

[5]) § 380 C.P.O.

[6]) d. h. Privaturkunden mit Unterschriftsbeglaubigung. § 129 B.G.B.

[7]) z. B. die Legitimation eines gesetzlichen Vertreters (Anm. 10 zu § 13), der Nachweis der Unrichtigkeit nach § 22 Abs. 1, der Nachweis des Todes (§ 23) oder des in § 24 gedachten Ereignisses oder der Aufhebung einer einstweiligen Verfügung (§ 25). Bezüglich der gemäß §§ 33

bis 38 zu erbringenden Nachweise sind die Mittel in den gedachten Paragraphen im Einzelnen angegeben. — Vgl. § 2356 Abs. 1 B.G.B.

[8]) § 264 C.P.O. Das G.B.A. kann jedenfalls auch die in anderen Akten des G.B.A. oder auch des Gerichts, zu dem das G.B.A. gehört, enthaltenen Voraussetzungen als offenkundig behandeln.

[9]) Hier genügt Unterschriftsbeglaubigung nicht.

[10]) Wer ein Urtheil auf Eintragung erlangt hat, kann nach den neu in die C.P.O. einzustellenden § 779b an Stelle des Schuldners die Ertheilung, bei Behörden und Beamten, insbesondere Notaren, verlangen. — Vgl. a. Anm. 5 zu § 40.

[11]) Wegen der Aufbewahrung vgl. § 11.

1. Für Antrag und Vollmacht.

§. **30.** Für den Eintragungsantrag[1]) sowie für die Vollmacht zur Stellung eines solchen[2]) gelten die Vorschriften des §. 29[3]) nur, wenn durch den Antrag zugleich eine zu der Eintragung erforderliche Erklärung[4]) ersetzt werden soll.

(I 43, II 29; M. 79 — § 33 pr. G.B.O.)

[1]) §§ 13—15. — Wegen Rücknahme s. § 32.

[2]) Anm. 10 zu § 13. Vgl. a. § 31. — Wegen Widerrufs s. § 32. — Auf die Legitimation eines gesetzlichen Vertreters bezieht sich das nicht.

[3]) Anm. 3 zu § 29.

[4]) insbesondere die Bewilligung (§ 19) oder die in § 26 erwähnte Abtretungserklärung.

Vollmachtsstempel.

§. **31.** Wird im Falle der Auflassung eines Grundstücks, sowie im Falle der Bestellung oder Uebertragung eines Erbbaurechts die erforderliche Einigung des Berechtigten und des andern Theiles[1]) durch Bevollmächtigte[2]) vor dem Grundbuchamt erklärt, so ist die Vollmacht stempelfrei,[3]) wenn das der Einigung zu Grunde liegende Rechtsgeschäft[4]) von einem Notar beurkundet und die Vollmacht in der Urkunde ertheilt ist.[5])

(Von der Reichstagskommission neu eingefügter § 29a. Vgl. Bericht zu § 14.)

[1]) § 20.

[2]) Anm. 10 zu § 13, Anm. 2 zu § 30.

[3]) Anm. 3 zu § 1.

[4]) Anm. 4 zu § 9.

[5]) Die Stempelfreiheit bleibt auch dann bestehen, wenn schließlich von der Vollmacht kein Gebrauch gemacht, sondern auch die Einigung durch die Betheiligten selbst erklärt wird.

2. Für Zurücknahme und Vollmachtswiderruf.

§. **32.** Erklärungen, durch die ein Eintragungsantrag[1]) zurückgenommen oder eine zur Stellung des Eintragungsantrags ertheilte Vollmacht[2]) widerrufen wird, bedürfen der im §. 29 Satz 1 vorgeschriebenen Form.[3])

(II 30.)

1) § 13.
2) Anm. 10 zu § 13.
3) § 30 findet also keine Anwendung.

3. Bezüglich der Vertretung von Gesellschaften und des ehelichen Güterrechts.

§. **33.** Der Nachweis, daß der Vorstand[1]) einer Aktiengesellschaft aus den im Handelsregister eingetragenen Personen besteht, wird durch ein Zeugniß des Gerichts über die Eintragung geführt.[2])

Das Gleiche gilt von dem Nachweise der Befugniß zur Vertretung einer offenen Handelsgesellschaft, einer Kommanditgesellschaft, einer Kommanditgesellschaft auf Aktien oder einer Gesellschaft mit beschränkter Haftung.

(II. — §. 26 Abs. 2 R.G. v. 1. 5. 1889, §. 69 B.G.B.)

1) auch die Liquidatoren.
2) Es genügt Bezugnahme im Falle des § 35.

§. **34.** Der Nachweis, daß zwischen Ehegatten Gütertrennung[1]) oder ein vertragsmäßiges Güterrecht[2]) besteht oder daß ein Gegenstand zum Vorbehaltsgut eines Ehegatten gehört,[3]) wird durch ein Zeugniß des Gerichts[4]) über die Eintragung des güterrechtlichen Verhältnisses im Güterrechtsregister[5]) geführt.[6])

(II 32.)

1) §§ 1426 ff. B.G.B.
2) §§ 1432 ff. B.G.B.

[3]) §§ 1365 ff. B.G.B.

[4]) Es genügt Bezugnahme im Falle des § 35.

[5]) §§ 1558 ff B.G.B.

[6]) Sonst ist das Vermögen der Ehefrau als eingebrachtes Gut (wegen der dadurch herbeigeführten Beschränkungen vgl. § 1404 B.G.B.) und das Vermögen des Ehemanns als durch die Ehe nicht beeinflußt zu behandeln.

§. **35.** Ist in den Fällen der §§. 33, 34 das Grundbuchamt zugleich das Registergericht, so genügt statt des Zeugnisses die Bezugnahme auf das Register.

(II 33.)

5. Bezüglich der Erbfolge, fortgesetzten Gütergemeinschaft und Testamentsvollstreckung.

§. **36.** Der Nachweis der Erbfolge kann nur durch einen Erbschein[1]) geführt werden. Beruht jedoch die Erbfolge auf einer Verfügung von Todeswegen, die in einer öffentlichen Urkunde enthalten ist, so genügt es, wenn an Stelle des Erbscheins[2]) die Verfügung und das Protokoll über die Eröffnung der Verfügung[3]) vorgelegt werden; erachtet das Grundbuchamt die Erbfolge durch diese Urkunden nicht für nachgewiesen, so kann es die Vorlegung eines Erbscheins verlangen.[4])

Das Bestehen der fortgesetzten Gütergemeinschaft sowie die Befugniß eines Testamentsvollstreckers zur Verfügung über einen Nachlaßgegenstand ist nur auf Grund der in den §§. 1507, 2368 des Bürgerlichen

Gesetzbuchs vorgesehenen Zeugnisse als nachgewiesen anzunehmen; auf den Nachweis der Befugniß des Testamentsvollstreckers finden jedoch die Vorschriften des Abs. 1 Satz 2 entsprechende Anwendung.

(I 41, II 34. Der letzte Halbsatz ist von der Reichstagskommission hinzugefügt. — M. 76. — §§ 39, 51 pr. G.B.O.)

[1]) §§ 2353 ff. B.G.B. Für die gesetzliche Erbfolge ist jeder andere Nachweis ausgeschlossen. Für die testamentarische s. Satz 2.

[2]) der auch hier zulässig ist (§ 2355 B.G.B.).

[3]) §§ 2260, 2273, 2300 B.G.B.

[4]) Wegen der Eintragung eines Vorerben vgl. auch § 52 und wegen der gleichzeitigen Eintragung des Testamentsvollstreckers vgl. § 53.

§. **37.** Soll bei einer zu einem Nachlasse gehörenden Hypothek, Grundschuld oder Rentenschuld[1]) einer von mehreren Erben[2]) als neuer Gläubiger eingetragen werden, so genügt zum Nachweise der Erbfolge und der Eintragungsbewilligung der Erben ein Zeugniß des Nachlaßgerichts.[3])

Das Zeugniß darf nur ausgestellt werden, wenn die Voraussetzungen für die Ertheilung eines Erbscheins vorliegen und die Erklärungen der Erben vor dem Nachlaßgerichte zu Protokoll gegeben oder durch öffentliche oder öffentlich beglaubigte Urkunden nachgewiesen sind.[4])

(I 42, II 35; M. 78. — § 40 pr. G.B.O.)

[1]) Anm. 1 zu § 27. — Ausdehnbar auf Eigenthum und Erbbaurecht § 99.

[2]) Ausgedehnt auf Gütergemeinschaft § 38.

[3]) Anm. 1 zu § 99.

[4]) Entsprechend dem § 30.

§. **38.** Die Vorschriften des §. 37 finden entsprechende Anwendung, wenn bei einer Hypothek, Grundschuld oder Rentenschuld,[1]) die zu dem Gesammtgut einer ehelichen Gütergemeinschaft oder einer fortgesetzten Gütergemeinschaft gehört, ein Betheiligter, auf den das Recht bei der Auseinandersetzung übertragen ist, als neuer Gläubiger eingetragen werden soll.

(II 36.)

[1]) Anm. 1 zu § 27. Ausdehnbar auf Eigenthum und Erbbaurecht § 99.

V. Eintragung auf Grund des Ersuchens einer Behörde.

§. **39.** In den Fällen, in denen nach gesetzlicher Vorschrift[1]) eine Behörde befugt ist, das Grundbuchamt um eine Eintragung zu ersuchen, erfolgt die Eintragung auf Grund[2]) des Ersuchens[3]) der Behörde.[4])

(I 50 Satz 1, II 37; M. 90.)

[1]) Des Reichs- oder Landesrechts. z. B. Art. 91 E.G.B.G.B. Dazu gehören insbesondere auch die gerichtlichen einstweiligen Verfügungen (§§ 885).

[2]) Das Ersuchen ersetzt Antrag (§§ 13 ff.) und Bewilligung (§§ 19 ff.) auch die etwa erforderlichen Erklärungen Dritter (z. B. §§ 23, 24, 26, 27), nicht aber

die sonstigen allgemeinen Voraussetzungen der Eintragung, insbesondere das Erforderniß der zuvorigen Eintragung des Berechtigten (§§ 40, 41) und die Vorlage des Briefes (§§ 42, 43) und der in § 44 gedachten Urkunden.

[3]) Der Inhalt des Ersuchens muß den §§ 28, 16, 48 genügen.

[4]) Bei der Behandlung des Ersuchens finden die §§ 17, 18 Anwendung.

VI. Vorgängige Eintragung des Berechtigten.

§. **40.** Eine Eintragung[1]) soll[2]) nur[3]) erfolgen, wenn derjenige, dessen Recht durch sie betroffen wird,[4]) als der Berechtigte eingetragen ist.[5])

Bei einer Hypothek, Grundschuld oder Rentenschuld, über die ein Brief ertheilt ist,[6]) steht es der Eintragung des Gläubigers gleich, wenn dieser sich im Besitze des Briefes befindet und sein Gläubigerrecht nach §. 1155 des Bürgerlichen Gesetzbuchs nachweist.

(I 23, 32, II 38; M. 58, 67. — §§ 2, 13, 19 pr. E.E.G., § 81 pr. G.B.O.)

[1]) jeder Art. — Vgl. Anm. 1 und 2 zu § 13.

[2]) Ordnungsvorschrift zur Ergänzung der §§ 872, 875, 876 B.G.B. ohne Einfluß auf die Gültigkeit der Eintragung.

[3]) Ausnahme in Abs. 2 und in § 41.

[4]) Anm. 7 zu § 13.

[5]) Es ist Sache des Antragstellers (§ 13) bez. der ersuchenden Behörde (§ 39) die zuvorige Eintragung herbeizuführen. Die Verpflichtung ergiebt sich zunächst aus § 895 B.G.B. Ueber die Mittel zur Herbeischaffung der er=

forderlichen Urkunden vgl. Anm. 10 zu § 29. Die Legitimation zu dem Berichtigungsantrage gegen einen eingetragenen Dritten giebt § 14, die Grundlage ist durch Geltendmachung des im Wege der Zwangsvollstreckung zu überweisenden Berichtigungsanspruchs des einzutragenden Berechtigten oder durch eine Feststellungsklage (§ 231 C.P.O.) gegen den Dritten zu beschaffen.

[6]) Anm. 1 zu § 26.

§. **41.** Ist derjenige, dessen Recht durch eine Eintragung betroffen wird, Erbe des eingetragenen Berechtigten, so findet die Vorschrift des §. 40 Abs. 1 keine Anwendung, wenn die Uebertragung oder die Aufhebung des Rechtes eingetragen werden soll oder wenn der Eintragungsantrag durch die Bewilligung des[1]) Erblassers oder eines Nachlaßpflegers[2]) oder durch einen gegen den Erblasser oder den Nachlaßpfleger vollstreckbaren Titel[3]) begründet wird.

Das Gleiche gilt für eine Eintragung auf Grund der Bewilligung eines Testamentsvollstreckers[4]) oder auf Grund eines gegen diesen vollstreckbaren Titels,[3]) sofern die Bewilligung oder der Titel gegen den Erben wirksam ist.[5])

(I 21 Abs. 2, II 39; M. 57. — §. 5 Abs. 2 pr. F.G.G., §. 85 pr. G.B.O.)

[1]) eingetragenen.

[2]) §§ 1960 ff. B.G.B., oder Nachlaßverwalter §§ 1975 ff. B.G.B.

[3]) Anm. 5 zu § 14.

[4]) §§ 2197 ff.

[5]) Das ist aus § 2213 in Verbindung mit §§ 2205 bis 2209 B.G.B. zu prüfen.

VII. Vorlegung von Urkunden. 1. Des Hypothekenbriefes.

§. **42.** Bei einer Hypothek, über die ein Brief ertheilt ist,[1]) soll eine Eintragung[2]) nur erfolgen, wenn der Brief vorgelegt wird.[3]) Für die Eintragung eines Widerspruchs bedarf es der Vorlegung nicht, wenn die Eintragung durch eine einstweilige Verfügung angeordnet ist und der Widerspruch sich darauf[4]) gründet, daß die Hypothek oder die Forderung, für welche sie bestellt ist, nicht bestehe oder einer Einrede[5]) unterliege oder daß die Hypothek unrichtig eingetragen sei.[6]) [7])

Der Vorlegung des Hypothekenbriefs steht es gleich, wenn in den Fällen der §§. 1162, 1170, 1171 des Bürgerlichen Gesetzbuchs auf Grund des Ausschlußurtheils die Ertheilung eines neuen Briefes beantragt wird. Soll die Ertheilung des Briefes nachträglich ausgeschlossen oder die Hypothek gelöscht werden, so genügt die Vorlegung des Ausschlußurtheils.

(I 31 Abs. 1 Satz 1, 2, II 40; M. 65. — §§. 79, 91, 94 pr. G.B.O.)

[1]) Anm. 1 zu § 26. Entsprechende Anwendung auf andere Briefpfänder in § 43.

[2]) irgend welcher Art, auch die des § 1119. Vgl. Anm. 1 zu § 13.

[3]) Vgl. §§ 1154, 1155 B.G.B. — Ueber den zu machenden Vermerk vgl. § 62 Abs. 1. Ein Recht auf Vorlegung geben §§ 896, 1144, 1145 B.G.B.

[4]) Sie bleibt also erforderlich, wenn der Widerspruch sich gegen die Uebertragung des Rechts richtet oder auf eine Verfügungsbeschränkung im Sinne des § 892 Abs. 1 B.G.B. gestützt wird.

[5]) peremtorischen (§ 1169 B.G.B.) oder dilatorischen im Sinne des B.G.B. §§ 390, 768, 1137, 1157, 1211.

[6]) Das G.B.A. hat aber den Besitzer des Briefes zur Vorlegung anzuhalten, § 62 Abs. 2.

[7]) Ueber Vorlegung bei Berichtigung „von Amtswegen" vgl. § 54 Abs. 2.

2. Des Grundschuld- und Rentenschuldbriefs.

§. **43.** Die Vorschriften des §. 42 finden auf die Grundschuld und die Rentenschuld[1]) entsprechende Anwendung.[2]) Ist jedoch das Recht für den Inhaber des Briefes eingetragen,[3]) so bedarf es der Vorlegung des Briefes nur dann nicht,[4]) wenn der Eintragungsantrag durch die Bewilligung eines nach §. 1189 des Bürgerlichen Gesetzbuchs bestellten Vertreters oder durch eine gegen ihn erlassene gerichtliche Entscheidung begründet wird.[5])

(I 31 Abs. 1 Satz 1, 2, II 41; M. 65.)

[1]) Anm. 1 zu § 26.

[2]) Vermerk nach § 62 Abs. 1.

[3]) §§ 1195, 1199, auch 796 B.G.B.

[4]) Ausnahme von § 42 Abs. 2 Satz 2.

[5]) Ueber Vorlegung bei Berichtigungen „von Amtswegen" vgl. § 54.

3. Der Inhaber- und Ordrepapiere.

§. **44.** Bei einer Hypothek für die Forderung aus einer Schuldverschreibung auf den Inhaber, aus einem Wechsel oder einem anderen Papiere, das durch Indossament übertragen werden kann,[1]) soll eine Eintragung nur erfolgen, wenn die Urkunde[2]) vorgelegt wird; die Eintragung ist auf der Urkunde zu vermerken.[3])

Diese Vorschrift findet keine Anwendung,[4]) wenn eine Eintragung auf Grund der Bewilligung eines nach §. 1189 des Bürgerlichen Gesetzbuchs bestellten Vertreters oder auf Grund einer gegen diesen erlassenen gerichtlichen Entscheidung bewirkt werden soll.[5])

(II 42.)

[1]) Sicherungshypothek (ohne Brief) gemäß §§ 1187, 1185 B.G.B.

[2]) welche als Inhaberpapier oder Ordrepapier im Verkehr ist. Vgl. aber § 796 B.G.B.

[3]) entsprechend dem § 62 Abs. 1.

[4]) entsprechend dem § 43 Abs. 2.

[5]) Außerdem muß es entsprechend dem § 42 Abs. 2 auch genügen, daß die Vernichtung oder Kraftloserklärung nachgewiesen wird.

VIII. Eintragung. 1. Datum und Unterschrift.

§. **45.** Jede Eintragung[1]) soll[2]) den Tag, an welchem sie erfolgt ist, angeben und mit der Unterschrift des Grundbuchbeamten versehen werden.[3])[4])

(I 52, II 43, M. 91. — §. 44 pr. G.B.O.)

[1]) Anm. 1 zu § 13.

[2]) Die Gültigkeit ist dadurch nicht bedingt. Anders in § 56.

[3]) Das Landesrecht kann Näheres bestimmen, auch die Unterschrift mehrerer Beamten erfordern. — Vgl. Anm. 1—3 zu § 1.

[4]) Weitere die Bewirkung der Eintragung betreffende Vorschriften enthalten die §§ 46—52. Die Eintragung kann die Anlegung eines neuen G.B.Bl. erforderlich machen. — Vgl. Anm. 5 zu § 3, Anm. 6 zu § 4, § 6.

2. Mehrere Eintragungen. Vermerk über den Rang.

§. **46.** Sind in einer Abtheilung[1]) des Grundbuchs mehrere Eintragungen[2]) zu bewirken, so erhalten sie die Reihenfolge, welche der Zeitfolge der Anträge[3]) entspricht; sind die Anträge gleichzeitig gestellt, so ist im Grundbuche zu vermerken, daß die Eintragungen gleichen Rang haben.

Werden mehrere Eintragungen, die nicht gleichzeitig beantragt sind, in verschiedenen Abtheilungen unter Angabe desselben Tages[4]) bewirkt, so ist im Grundbuche zu vermerken, daß die später beantragte Eintragung der früher beantragten im Range nachsteht.

Diese Vorschriften finden insoweit keine Anwendung, als ein Rangverhältniß nicht besteht oder das Rangverhältniß von den Antragstellern abweichend bestimmt ist.[5])

(I 49 Abs. 3, II 44; M. 88. — §§ 17, 34—36 pr. E.E.G., §. 45 pr. G.B.O.)

[1]) Vgl. Anm. 2 zu § 1 und § 879 Abs. 1 Satz 1 B.G.B.

[2]) irgend welcher Art. Anm. 1 zu § 13. — § 879 B.G.B. hat dagegen nur Rechte im Auge. Für Meliorationsdarlehen s. Art. 118 E.G.B.G.B.

[3]) d. h. des Eingangs des wenn auch mangelhaften Antrages oder Ersuchens, sofern keine Zurückweisung erfolgt ist. — Vgl. § 18.

[4]) Andernfalls ergiebt sich die Priorität schon aus dem Datum gemäß § 879 Abs. 1 Satz 2 B.G.B.

[5]) Die Abweichung ist dann in das G.B. einzutragen. § 879 Abs. 3 B.G.B. — Ueber Rangänderung § 880 B.G.B., Rangvorbehalt § 881 B.G.B., Rangbestimmung durch Vormerkung § 883 Abs. 3 B.G.B.

3. Löschung und Nichtübertragung.

§. 47. Die Löschung eines Rechtes oder einer Verfügungsbeschränkung erfolgt[1]) durch Eintragung eines Löschungsvermerkes.[2])

Wird bei der Uebertragung eines Grundstücks oder eines Grundstückstheils auf ein anderes Blatt ein eingetragenes Recht nicht mitübertragen,[3]) so gilt es[4]) in Ansehung des Grundstücks oder des Theiles als gelöscht.

(I 34, II 45; M. 69. — §§ 11, 12, 65 ff. pr. G.B.O.)

[1]) in allen Fällen, auch bei der Grundbuchberichtigung (§ 894) B.G.B. Vgl. Anm. 1 zu § 13.

[2]) Eine Durchstreichung oder Unterstreichung, welche die Landesjustizverwaltungen daneben vorschreiben können (vgl. Anm. 2 zu § 1), genügt nicht.

[3]) Vgl. § 3 u. Anm. 4 zu § 45.

[4]) auch wenn ein Versehen vorliegt.

4. Eintragung gemeinschaftlicher Rechte.

§. 48. Soll ein Recht für Mehrere gemeinschaftlich eingetragen werden,[1]) so soll die Eintragung in der Weise erfolgen, daß entweder die Antheile der Berechtigten in Bruchtheilen angegeben werden[2]) oder das für die Gemeinschaft maßgebende Rechtsverhältniß[3]) bezeichnet wird.[4])

(I 27, II 46; M. 62.)

[1]) oder soll eingetragen werden, daß das bereits eingetragene Recht gemeinschaftlich geworden ist. — Vgl. § 1438 Abs. 3 B G.B.

[2]) im Falle der regelmäßigen Gemeinschaft nach Bruchtheilen, welchen jedem Berechtigten die Verfügung über seinen Antheil gestattet. Vgl. §§ 747, 1095, 1106, 1114 B.G.B.

[3]) z. B. Gesellschaft (§ 719 B.G B), eheliches Gesammtgut (§§ 1438, 1442, 1471 Abs. 2, 1487, 1519, 1549), Erbengemeinschaft (§ 2033 Abs 2). Hier ist regelmäßig eine Verfügung über den Antheil oder doch über die Antheile an den einzelnen Gegenständen ausgeschlossen.

[4]) Der Antrag (§ 13) oder das Ersuchen (§ 39) muß die nöthigen Angaben und Unterlagen enthalten. — Wegen der Mitwirkung des Ehegatten dazu vgl. § 1438 Abs. 3 B.G.B.

5. Angabe der Mitbelastung.

§. 49. Werden mehrere Grundstücke[1]) mit einem Rechte[2]) belastet, so ist auf dem Blatte jedes Grundstücks die Mitbelastung der übrigen von Amtswegen erkennbar zu machen.[3]) Das Gleiche gilt, wenn mit einem an einem Grundstücke bestehenden Rechte nachträglich noch ein anderes Grundstück belastet oder wenn im Falle der Uebertragung eines Grundstückstheils[4]) auf ein anderes Grundbuchblatt[5]) ein eingetragenes Recht mitübertragen wird.

Soweit eine Mitbelastung erlischt,[6]) ist dies von Amtswegen zu vermerken.

(I 33, II 47; M. 68. — § 76 pr. G.B.O)

[1]) gleichzeitig. Gegensatz Satz 2.

[2]) irgend welcher Art, soweit eine Mitbelastung möglich ist.

[3]) nach näherer Bestimmung des Landesrechts.

[4]) Für Uebertragungen eines ganzen Grundstückes von einem gemeinschaftlichen G.B.Bl. auf ein anderes Blatt ergiebt sich das Gleiche ohne Weiteres. — Vgl. Anm. 5 u. 6 zu § 4.

[5]) Anm. 5 zu § 3.

[6]) z. B. nach §§ 1173, 1181 Abs. 2, in Verbindung mit §§ 1192, 1199.

6. Eintragung eines Leibgedinges.

§ 50. Werden Dienstbarkeiten[1]) und Reallasten[2]) als Leibgedinge, Leibzucht, Altentheil oder Auszug[3]) eingetragen, so bedarf es nicht der Bezeichnung der einzelnen Rechte, wenn auf die Eintragungsbewilligung[4]) Bezug genommen wird.[5])

(I 28, II 48; M. 63. — § 76 pr. G.B.O.)

[1]) Nießbrauch (§§ 1030 ff.) und beschränkte persönliche Dienstbarkeiten (§ 1090 ff.), dazu die in § 84 genannten Rechte.

[2]) §§ 1105 ff. B.G.B., auch Geldrenten, soweit sie unter die Reallasten fallen.

[3]) Art. 96 E.G. B.G.B.

[4]) Aufbewahrung nach § 9.

[5]) Das entspricht der für Vormerkungen geltenden Vorschrift des § 885 Abs. 2 B.G.B., geht jedoch über §§ 874, 915 B.G.B. hinaus, die nur wegen des Inhalts der Rechte, nicht aber zum Ersatz ihrer Bezeichnung die Bezugnahme gestatten. — Vgl. a. für Hypotheken § 1115 Abs. 1 u. 2. S. § 57 Abs. 2 Z. 3.

7. Bei Inhaber-Theilpfändern.

§. **51.** Bei der Eintragung einer Hypothek für Theilschuldverschreibungen auf den Inhaber[1]) genügt es, wenn der Gesammtbetrag der Hypothek unter Angabe der Anzahl, des Betrags und der Bezeichnung der Theile[2]) eingetragen wird.

Diese Vorschrift findet entsprechende Anwendung, wenn eine Grundschuld oder eine Rentenschuld für den Inhaber des Briefes[3]) eingetragen und das Recht in Theile zerlegt werden soll.[4])

(II 49. — § 20 pr. G. v. 19. 8. 95.)

[1]) nach § 1187 B.G.B.

[2]) So wird hier für diesen Fall § 1115 B.G.B. näher bestimmt.

[3]) § 1195 in Verbindung mit § 1199 B.G.B.

[4]) Vgl. § 70 Abs. 2.

8. eines Vorerben.

§. 52. Bei der Eintragung eines Vorerben[1]) ist zugleich das Recht des Nacherben[2]) und, soweit der Vorerbe von den Beschränkungen seines Verfügungsrechts befreit ist,[3]) auch die Befreiung von Amtswegen[4]) einzutragen.

(II 50.)

[1]) § 36.

[2]) §§ 2113 Abs. 1 und 3, 2114 B.G.B. zur Sicherung des öffentlichen Glaubens (§ 892 B.G.B.).

[3]) §§ 2136, 2137 B.G.B.

[4]) Soweit sich die Befreiung aus dem Erbschein oder der letztwilligen Verfügung ergiebt, sonst nur auf Antrag (§ 13).

9. eines Testamentsvollstreckers.

§. 53. Ist ein Testamentsvollstrecker[1]) ernannt, so ist dies bei der Eintragung des Erben[2]) von Amtswegen miteinzutragen,[3]) es sei denn, daß der Nachlaßgegenstand der Verwaltung des Testamentsvollstreckers nicht unterliegt.[4])

(II 51.)

[1]) § 36 Abs. 2.

[2]) § 36 Abs. 1.

[3]) wegen § 2211 B.G.B. Die Grundlage bildet das nach § 2368 B.G.B. zu ertheilende Zeugniß.

[4]) Was sich aus dem Zeugniß ergeben muß.

IX. Berichtigung ungerechtfertigter Eintragungen.

§. **54.** Ergiebt sich, daß das Grundbuchamt unter Verletzung gesetzlicher Vorschriften[1]) eine Eintragung vorgenommen hat, durch die das Grundbuch unrichtig geworden ist, so ist von Amtswegen[2]) ein Widerspruch einzutragen.[3]) Erweist sich eine Eintragung nach ihrem Inhalt als unzulässig,[4]) so ist sie von Amtswegen[2]) zu löschen.

Bei einer Hypothek, einer Grundschuld oder einer Rentenschuld bedarf es zur Eintragung eines Widerspruchs der Vorlegung des Briefes nicht, wenn der Widerspruch den im §. 42 Abs. 1 Satz 2 bezeichneten Inhalt hat. Diese Vorschrift findet keine Anwendung, wenn der Grundschuld- oder Rentenschuldbrief auf den Inhaber ausgestellt ist.[5])[6])

(I 54, II 52. — Abs. 2 Satz 2 ist ein Zusatz der Reichstagskommission. — M. 92. — § 118 pr. G.B.O.)

[1]) Sind gesetzliche Vorschriften nicht verletzt, aber thatsächliche Unrichtigkeiten eingetragen, so ist wie in allen sonstigen Fällen der Grundbuchberichtigung (§ 894 B.G.B. s. o. § 22) ein Antrag (§ 13) erforderlich.

[2]) oder auf Antrag, auch im Beschwerdewege § 71 Abs. 2. — Auch auf Anordnung des vorgesetzten Amtsgerichts ohne Beschwerde im Falle des § 101.

[3]) auch zur möglichsten Vermeidung des in § 12 statuirten Schadensersatzanspruches.

[4]) z. B. ein Miethsrecht oder eine gegen die §§ 1019, 1061 B.G.B. verstoßende Dienstbarkeit.

[5]) Abs. 2 entspricht den in den §§ 43, 44 gegebenen Vorschriften.

[6]) Wegen nachträglicher Beschaffung des Briefes vgl. § 62 Abs. 2.

X. Benachrichtigung der Betheiligten.

§. 55. Jede Eintragung soll dem Antragsteller und dem eingetragenen Eigenthümer sowie im Uebrigen allen aus dem Grundbuch ersichtlichen Personen bekannt gemacht werden, zu deren Gunsten die Eintragung erfolgt ist oder deren Recht durch sie betroffen wird.[1]) Auf die Bekanntmachung kann verzichtet werden.

(I 55 Satz 1, II 53; M. 70. — §§ 57, 121, 123 pr. G.B.O.)

[1]) Anm. 7 zu § 13.

Dritter Abschnitt.

Hypotheken-, Grundschuld-, Rentenschuldbrief.

I. Hypothekenbrief. 1. Ertheilung und Inhalt.

§. 56. Der Hypothekenbrief[1]) wird von dem Grundbuchamt[2]) ertheilt. Er muß[3]) die Bezeichnung als Hypothekenbrief enthalten, den Geldbetrag der Hypothek[4]) und das belastete Grundstück[5]) bezeichnen, sowie mit Unterschrift[6]) und Siegel[7]) versehen sein.[8]) [9])

(I 56, II 54; M. 97. — §§ 122, 126, 131 pr. G.B.O.)

[1]) § 1116 B.G.B. — Er fällt weg bei Ausschließung nach § 1116 Abs. 2 B.G,B. und bei der Sicherungshypothek (§ 1185 B.G.B.).

[2]) § 1117 Abs. 2 B.G.B. — Ausnahme § 61 Abs. 1.

[3]) Die hier aufgestellten Erfordernisse sind wesentlich. Die unwesentlichen enthalten §§ 57, 58.

[4]) Vgl. Anm. 6 zu § 28. — Ueber gemeinschaftliche Briefe s. § 66.

[5]) §§ 2 Abs. 2, 3, Anm. 5 zu § 4. Dazu § 57 Abs. 2 Z. 1. — Für Gesammthypotheken s. § 59.

[6]) Anm. 3 zu § 45. Nur im Falle des § 70 Abs. 2 kann die Unterschrift mechanisch vervielfältigt werden.

[7]) nicht Stempel.

[8]) Für Theilhypothekenbriefe s. § 61 Abs. 2, für nachträgliche Eintragungen § 62 Abs. 1. Ueber gemeinschaftliche Briefe § 66.

[9]) Im G.B. wird nur der Ausschluß der Ertheilung (§ 1116 Abs. 2 B.G.B.), nicht aber die Ertheilung vermerkt. Anders bei Erneuerungen § 68 Abs. 3.

§. **57.** Der Hypothekenbrief soll[1]) die Nummer des Grundbuchblatts angeben und einen Auszug aus dem Grundbuch enthalten.

In den Auszug sollen[2]) aufgenommen werden:

1. die Bezeichnung des Grundstücks nach dem Inhalte des Grundbuchs;[3])
2. die Bezeichnung des[4]) Eigenthümers;
3. der Inhalt der die Hypothek betreffenden Eintragungen und, soweit zur Ergänzung einer

Eintragung auf eine Urkunde Bezug genommen ist,[5]) auch der Inhalt dieser Urkunde;[6]) im Falle des §. 1115 Abs. 2 des Bürgerlichen Gesetzbuchs braucht der Inhalt der Satzung nicht aufgenommen zu werden;

4 die kurze Bezeichnung des Inhalts der Eintragungen, welche der Hypothek im Range vorgehen oder gleichstehen.

Der Auszug ist auf Antrag[7]) zu ergänzen, wenn sich der Inhalt des Grundbuchs ändert.[8])

(I 57 Abs. 1, 62, II 55; M. 97. — §§ 124, 126, 127, 129 pr. G.B.O.)

[1]) Die Erfordernisse dieses Paragraphen sind im Gegensatz zu denen des § 56 nicht wesentlich. Das Landesrecht kann und wird zweckmäßig ein den §§ 56, 57 entsprechendes Formular vorschreiben.

[2]) Vgl. dazu § 97.

[3]) §§ 2 Abs. 2, 28.

[4]) eingetragenen.

[5]) § 50 und Anm. 5 zu § 50

[6]) Vgl. aber § 58 Abs 2.

[7]) also ohne einen solchen auch demnächst, wenn er zu anderen Zwecken den G.B.A. vorgelegt wird. Besondere Anwendung § 63 a. E. Wegen Vermerks der Minderung des Betrages s. § 97 a. E.

[8]) Handelt es sich um Eintragungen bei der Hypothek selbst, so findet § 62 Abs. 1 Anwendung.

2. Verbindung mit der Schuldurkunde.

§. **58.** Ist eine Urkunde über die Forderung, für welche eine Hypothek besteht,[1] ausgestellt, so soll[2] die Urkunde mit dem Hypothekenbriefe verbunden werden.[3] Erstreckt sich der Inhalt der Urkunde auch auf andere Angelegenheiten,[4] so genügt es, wenn ein öffentlich beglaubigter Auszug aus der Urkunde mit dem Hypothekenbriefe verbunden wird.

In den Fällen des Abs. 1 unterbleibt die im §. 57 Abs. 2 Nr. 3 vorgesehene Aufnahme des Inhalts der Urkunde in den Hypothekenbrief.

Zum Nachweise, daß eine Schuldurkunde nicht ausgestellt ist, genügt eine darauf gerichtete Erklärung des Eigenthümers..[5]

(II 56. — § 122 pr. G.B.O.)

[1]) § 1115 B.G B.

[2]) nicht wesentlich im Gegensatz zu § 56

[3]) Für Theilhypothekenbriefe s § 61 Bei Umwandlungen s. Anm. 7 zu § 65.

[4]) z. B einen Kauf, eine Gutsübernahme, eine Erbauseinandersetzung

[5]) Form § 29 Satz 1.

3. Bei Gesammthypotheken.

§. **59.** Ueber eine Gesammthypothek[1]) soll nur ein Hypothekenbrief ertheilt werden.[2])

Sind die belasteten Grundstücke in den Bezirken verschiedener Grundbuchämter belegen, so soll jedes

Amt für die Grundstücke seines Bezirkes einen besonderen Brief ertheilen; die Briefe sind miteinander zu verbinden.

(I 59, II 57; M. 100. — § 125 pr. G.B.O.)

[1]) § 1132 B.G.B.

[2]) Ausnahme in Abs. 2 — Ueber den Fall nachträglicher Belastung anderer Grundstücke vgl. § 63. — Ueber den Fall der Vertheilung § 64.

4. Aushändigung.

§. **60.** Der Hypothekenbrief ist dem Eigenthümer[1]) des Grundstücks, im Falle der nachträglichen Ertheilung dem Gläubiger[2]) auszuhändigen.

Auf eine abweichende Bestimmung des Eigenthümers oder des Gläubigers[3]) findet die Vorschrift des §. 29 Satz 1[4]) entsprechende Anwendung.

(I 60, II 58; M. 101. — § 122 pr. G.B.O., § 20 pr. E.E.G.)

[1]) mit Rücksicht auf §§ 1117 Abs. 1, 1163 Abs. 2 B.G.B.

[2]) mit Rücksicht auf §§ 873, 952 Abs. 2 B.G.B.

[3]) Im Gegensatz zu § 1117 Abs. 2 B.G.B. bedarf es nur der einseitigen Bestimmung des nach Abs. 1 Empfangsberechtigten.

[4]) wegen der Form.

5. Theilhypothekenbrief.

§. **61.** Ein Theilhypothekenbrief[1]) kann von dem Grundbuchamt, einem Gericht oder einem Notare hergestellt werden.

Der Theilhypothekenbrief muß[2]) die Bezeichnung als Theilhypothekenbrief sowie eine beglaubigte Abschrift der im §. 56 Satz 2 vorgesehenen Angaben des bisherigen Briefes enthalten, den Theilbetrag der Hypothek, auf den er sich bezieht, bezeichnen sowie mit Unterschrift und Siegel versehen sein. Er soll[3]) außerdem eine beglaubigte Abschrift der sonstigen Angaben des bisherigen Briefes und der auf diesem befindlichen Vermerke enthalten. Eine mit dem bisherigen Briefe verbundene Schuldurkunde soll[4]) in beglaubigter Abschrift mit dem Theilhypothekenbriefe verbunden werden.

Die Herstellung des Theilhypothekenbriefs soll[5]) auf dem bisherigen Briefe[6]) vermerkt werden.

(I 61, II 59; M. 103. — § 83 pr. G.B.O.)

[1]) §§ 1145 Abs. 1, 1152 B.G.B.

[2]) wesentlich entsprechend dem § 56.

[3]) nicht wesentlich entsprechend dem § 57.

[4]) nicht wesentlich entsprechend dem § 58.

[5]) nicht wesentlich.

[6]) der vorgelegt werden muß. — Vgl. aber § 1145 Abs. 1 B.G.B.

6. Vermerk späterer Eintragungen.

§. **62.** Eintragungen,[1]) die bei der Hypothek[2]) erfolgen, sind von dem Grundbuchamt[3]) auf dem Hypothekenbriefe[4]) zu vermerken; der Vermerk ist mit Unterschrift und Siegel zu versehen.[5])

In den Fällen des §. 54 Abs. 1 hat das Grundbuchamt den Besitzer des Briefes zur Vorlegung anzuhalten. In gleicher Weise hat es, wenn in den Fällen des §. 42 Abs. 1 Satz 2 und des §. 54 Abs. 2 der Brief nicht vorgelegt ist, zu verfahren, um nachträglich den Widerspruch auf dem Briefe zu vermerken.

(I 31 Abs. 2, II 60; M. 65.)

1) Mit Ausnahme der vollständigen Löschung, für welche § 69 gilt.

2) später.

3) ohne Antrag. — Vgl. Anm. 7 u. 8 zu § 57.

4) Vorlegung erfolgt nach § 42. Für die Fälle einer Berichtigung ohne Antrag s. Abs. 2.

5) entsprechend dem § 56. — Vgl. auch §§ 63, 65 Abs. 1.

7. Vermerk der Mitbelastung.

§. 63. Wird nach[1]) der Ertheilung eines Hypothekenbriefs mit der Hypothek noch ein anderes, in dem Bezirke desselben Grundbuchamts belegenes Grundstück belastet, so ist, sofern nicht die Ertheilung eines neuen Briefes über die Gesammthypothek beantragt wird, die Mitbelastung auf dem bisherigen Briefe zu vermerken[2]) und zugleich der Inhalt des Briefes in Ansehung des anderen Grundstücks nach §. 57[3]) zu ergänzen.[4])

(II 61.)

1) Gegensatz. § 59.
2) entsprechend dem § 62 Abs. 1.
3) also nur auf Antrag. — Vgl. 7 zu § 57.
4) Für den Fall der Vertheilung s. § 64.

8. Vertheilung einer Gesammthypothek.

§. **64.** Im Falle der Vertheilung einer Gesammthypothek[1]) auf die einzelnen Grundstücke ist[2]) für jedes Grundstück ein neuer[3]) Brief zu ertheilen.[4])

(II 62.)

[1]) §§ 1132 Abs 2, 1172, 1175 B G B

[2]) Die Bestimmung ist, sofern nicht die Ertheilung des Briefes nachträglich ausgeschlossen wird (§ 1116 Abs 2) zwingend. — Vgl. a. Anm. 3 zu § 65.

[3]) Eine Benutzung der nach §§ 59, 63 ausgestellten Briefe ist also ausgeschlossen.

[4]) und dem berechtigten Gläubiger (§ 1132 Abs. 2, bez. Eigenthümer (§§ 1172, 1175 B.G.B.) auszuhändigen.

9. Umwandlung.

§. **65.** Tritt nach §. 1177 Abs. 1 oder nach §. 1198 des Bürgerlichen Gesetzbuchs eine Grundschuld oder eine Rentenschuld[1]) an die Stelle der Hypothek, so ist,[2]) sofern nicht die Ertheilung eines neuen Briefes beantragt wird,[3]) die Eintragung der Rechtsänderung[4]) auf dem bisherigen Briefe zu vermerken[5]) und eine mit dem Briefe verbundene Schuldurkunde abzutrennen.[6])

Das Gleiche[7]) gilt, wenn nach §. 1180 des Bürgerlichen Gesetzbuchs an die Stelle der Forderung, für welche eine Hypothek besteht, eine andere Forderung gesetzt wird.

(II 63. — § 90 pr. G.B.O.)

[1]) § 1199 Abs. 1 B.G.B.

[2]) auch ohne Antrag.

[3]) oder gemäß § 64 erfolgen muß. — Vgl. dazu § 68.

[4]) § 877 B.G.B.

[5]) entsprechend § 62 Abs. 1

[6]) Mit Rücksicht auf § 1192. Rückgabe gemäß § 69 a. E.

[7]) nicht bloß das Entsprechende. Eine neue Schuldurkunde darf also mit dem alten Briefe nicht verbunden werden, ist dagegen bei Ertheilung eines neuen Briefes gemäß § 58 Abs 1 zu verbinden.

10. Gemeinschaftlicher Brief.

§. **66.** Stehen einem Gläubiger mehrere Hypotheken zu, die gleichen Rang haben oder im Range unmittelbar auf einander folgen,[1]) so ist ihm auf seinen Antrag mit Zustimmung des Eigenthümers[2]) über die mehreren Hypotheken ein Hypothekenbrief[3]) in der Weise zu ertheilen, daß der Brief die sämmtlichen Hypotheken umfaßt.

(II 64.)

[1]) §§ 879, 880 B.G.B.

[2]) Form § 29 Satz 1.

[3]) unter Anwendung der §§ 56—58.

11. Erneuerung.

§. **67.** Einem Antrage des Berechtigten auf Ertheilung eines neuen Briefes ist[1]) stattzugeben,[2]) wenn der bisherige Brief oder in den Fällen der §§. 1162,

1170, 1171 des Bürgerlichen Gesetzbuchs das Ausschlußurtheil vorgelegt wird.[3])

(II 65. — §§ 111, 130 pr. G.B.O.)

[1]) ohne weitere Voraussetzungen, insbesondere ohne Zustimmung des Eigenthümers.

[2]) Inhalt und Vermerk im G.B. § 68.

[3]) Wegen des alten Briefes vgl. § 68.

§. **68.** Wird ein neuer Brief ertheilt, so hat er die Angabe zu enthalten, daß er an die Stelle des bisherigen Briefes tritt.[1])

Vermerke, die nach den §§. 1140, 1145, 1157 des Bürgerlichen Gesetzbuchs für das Rechtsverhältniß zwischen dem Eigenthümer und dem Gläubiger in Betracht kommen, sind auf den neuen Brief zu übertragen.[2])

Die Ertheilung des Briefes ist im Grundbuche zu vermerken.[3])

(I 66, II 66; M. 108. — §§ 112, 130 pr. G.B.O.)

[1]) Im Uebrigen ist derselbe gemäß §§ 56 ff. unter Berücksichtigung der gegenwärtigen Lage des G.B. zu ertheilen. Vgl. aber Abs. 2.

[2]) zur Sicherung des Eigenthümers.

[3]) Vgl. Anm. 9 zu § 56.

12. Behandlung des Briefes bei Löschungen.

§. **69.** Wird eine Hypothek gelöscht,[1]) so ist der[2]) Brief unbrauchbar zu machen;[3]) das Gleiche gilt, wenn die Ertheilung des Briefes über eine Hypothek nachträglich ausgeschlossen[4]) oder an Stelle des bisherigen Briefes ein neuer Hypothekenbrief,[5]) ein Grundschuldbrief oder ein Rentenschuldbrief[6]) ertheilt wird. Eine mit dem bisherigen Briefe verbundene Schuldurkunde ist abzutrennen und, sofern sie nicht mit dem neuen Hypothekenbriefe zu verbinden ist,[7]) zurückzugeben.

(I 64 Abs. 4, II 67; M. 106. — §§ 114—116 pr. G.B.O.)

[1]) § 27. Für blos theilweise Löschung (§ 1145 B.G.B.) gilt nicht § 69 sondern § 62.

[2]) gemäß § 42 vorzulegender.

[3]) Ob er aufzubewahren ist, bestimmt das Landesrecht.

[4]) § 1116 Abs. 2 B.G.B. Ebenso im Falle der Umwandlung in eine Sicherungshypothek § 1186 G.B.O.

[5]) § 67.

[6]) § 65.

[7]) im Falle des § 67.

II. Grundschuld- und Rentenschuldbrief.

§. **70.** Die Vorschriften der §§. 56 bis 69 finden auf den Grundschuldbrief[1]) und den Rentenschuldbrief[2]) entsprechende Anwendung.[3]) Der Rentenschuldbrief muß auch die Ablösungssumme[4]) angeben.

Ist eine für den Inhaber des Briefes eingetragene Grundschuld oder Rentenschuld in Theile zerlegt,[5]) so ist über jeden Theil ein besonderer Brief herzustellen.[6])

(I 67 Satz 2, II 68; M. 108.)

[1]) § 1192 B.G.B.

[2]) § 1199 B.G.B.

[3]) In Wegfall kommt die Schuldurkunde §§ 58, 61 Abs. 2. — § 65 Abs. 1.

[4]) § 1201 B.G.B.

[5]) § 51 Abs. 2. Den über diese ertheilten Briefen können Zinsscheine beigegeben werden. — Vgl. § 1195 in Verbindung mit §§ 803 ff. B G.B.

[6]) Die Unterzeichnung kann im Wege mechanischer Vervielfältigung hergestellt werden. — §§ 793 Satz 2, 1195 Satz 2 B.G.B.

Vierter Abschnitt.

Beschwerde.

1. Zulässigkeit.

§. **71.** Gegen die Entscheidungen[1]) des Grundbuchamts findet das Rechtsmittel der Beschwerde[2]) statt.[3])

Die Beschwerde gegen eine Eintragung ist unzulässig.[4]) Im Wege der Beschwerde kann jedoch verlangt werden, daß das Grundbuchamt angewiesen wird, nach §. 54 einen Widerspruch einzutragen oder eine Löschung vorzunehmen.[5])

(I 68 Abs. 1, 74, II 69; M. 109.)

¹) d h. an und für sich gegen jede sachliche Anordnung. Wegen Beschwerden im Aufsichtswege s. Anm. 1 zu § 1.

²) Dasselbe entspricht im Wesentlichen der einfachen Beschwerde der C.P O., gehört aber, wie das gesammte G B wesen, zur freiwilligen Gerichtsbarkeit.

³) Die Sachlegitimation des Beschwerdeführers ist nach der besonderen Lage des Falles zu prüfen. Grundsätzlich ist sie auch bei Ablehnungen nicht auf den Antragsteller beschränkt.

⁴) d. h mit Rücksicht auf die Rechte Dritter darf die Eintragung nicht ungeschehen gemacht werden. Durch die Anträge auf Eintragung eines Widerspruches oder auf Löschung kann jedoch im Uebrigen der gleiche Erfolg erreicht werden.

⁵) Vgl. auch § 80 Abs. 3. – Ausnahme in § 100.

2. Beschwerdegericht.

§. 72. Ueber die Beschwerde entscheidet das Landgericht,¹) in dessen Bezirke das Grundbuchamt seinen Sitz hat.²)

(I 68 Abs. 2, II 70; M. 111. – § 531 Abs. 1 C.P.O., § 71 G.V.G., §§ 40, 42 pr. A.G. G.V.G.)

¹) Civilkammer § 81 Abs 1

²) Für den Fall, daß nicht das Amtsgericht G.B.A. ist (Anm. 1 zu § 1) kann durch Landesrecht zunächst Anrufung des Amtsgerichts vorgeschrieben werden. § 100

3. Einlegung.

§. 73. Die Beschwerde kann bei dem Grundbuchamt oder bei dem Beschwerdegericht¹) eingelegt werden.

Die Einlegung erfolgt durch Einreichung einer Beschwerdeschrift[2]) oder[3]) durch Erklärung zum Protokolle des Grundbuchamts oder des Gerichtsschreibers des Beschwerdegerichts.

(I 70 Abs. 1, II 71; M. 113. — § 100.)

[1]) und zwar nicht bloß, wie nach § 532 Abs 1 C.P.O. in dringenden Fällen. Das Beschwerdegericht wird sie aber regelmäßig zur Beifügung der Akten und um Gelegenheit zur Anwendung des § 75 zu geben, dem G B.A. übersenden.

[2]) ohne Anwaltszwang. Anders § 80 Abs. 1.

[3]) auch hier, im Gegensatz zu § 532 Abs. 2 C.P.O. in allen Fällen.

4. Neues Vorbringen.

§. **74.** Die Beschwerde kann auf neue Thatsachen und Beweise gestützt werden.[1])

(I 72, II 72; M. 115. — § 533 C.P.O. — § 100.)

[1]) Sie eröffnet dem Beschwerdegericht eine vollständige Nachprüfung in thatsächlicher und rechtlicher Beziehung, auch bezüglich der in das Ermessen des G B.A. gestellten Dinge. Vgl. z. B. Anm. 3 zu § 18. Zur Vorbereitung der Entscheidung durch Berichte, Beweisaufnahmen u. s. w. kann die Mitwirkung des G B.A. in Anspruch genommen werden.

5. Abhülfe durch das Grundbuchamt.

§. **75.** Erachtet das Grundbuchamt die Beschwerde für begründet, so hat es[1]) ihr abzuhelfen.[2])

(I 71, II 73; M. 114. — § 534 C.P.O. — § 100.)

[1]) Anders bei der weiteren Beschwerde § 80.
[2]) Andernfalls ist die Beschwerde dem Beschwerdegericht vorzulegen.

6. Einstweilige Anordnung.

§. **76.** Das Beschwerdegericht kann vor der Entscheidung durch eine einstweilige Anordnung dem Grundbuchamt aufgeben,[1]) eine Vormerkung[2]) oder einen Widerspruch[3]) einzutragen.[4])

Die Vormerkung oder der Widerspruch wird von Amtswegen gelöscht, wenn die Beschwerde zurückgenommen oder zurückgewiesen ist.

(I 73 Abs. 2 Satz 1 Halbsatz 2, II 74; M. 116. — § 535 C.P.O., §§ 80 Abs. 3, 100.)

[1]) Eine Mittheilung an den Beschwerdeführer ist anders wie im § 77 nicht vorgeschrieben
[2]) Im Falle des § 886 B.G.B
[3]) Im Falle des § 894 B.G.B
[4]) Die Beschwerde hat keine aufschiebende Wirkung

7. Endgültige Entscheidung.

§. **77.** Die Entscheidung des Beschwerdegerichts ist mit Gründen zu versehen und dem Beschwerdeführer mitzutheilen.

(I 75, II 75; M. 117. — §§ 80 Abs. 3, 100.)

8. Weitere Beschwerde. a) Zulässigkeit.

§. **78.** Gegen die Entscheidung des Beschwerdegerichts ist das Rechtsmittel der weiteren Beschwerde zulässig, wenn die Entscheidung auf einer Verletzung des Gesetzes beruht.[1]) Die Vorschriften der §§. 512, 513, 524, 526 der Civilprozeßordnung finden entsprechende Anwendung.

(I 76 Abs. 1, II 76; M. 118. — § 51 ff. pr. A.G. G.V.G.)

[1]) Das weicht von § 531 Abs. 2 C.P.O. ab und nähert das Rechtsmittel der Revision, auf welche Satz 2 in mehreren Punkten verweist.

b) **Gericht.**

§. **79.** Ueber die weitere Beschwerde entscheidet das Oberlandesgericht.[1])

Will das Oberlandesgericht bei der Auslegung einer das Grundbuchrecht betreffenden reichsgesetzlichen Vorschrift von der auf weitere Beschwerde ergangenen Entscheidung eines anderen Oberlandesgerichts,[2]) falls aber über die Rechtsfrage bereits eine Entscheidung des Reichsgerichts[3]) ergangen ist, von dieser abweichen, so hat es die weitere Beschwerde unter Begründung seiner Rechtsauffassung dem Reichsgerichte vorzulegen. Der Beschluß über die Vorlegung ist dem Beschwerdeführer mitzutheilen.

In den Fällen des Abs. 2 entscheidet über die weitere Beschwerde das Reichsgericht.

(I 76 Abs. 2, II 77; M. 118. — §§. 120, 123, 137 G.V.G.)

[1]) d. h. des Civil-Senats des Bezirks-Oberlandesgerichts § 81 Abs. 1. Abweichung zulässig nach § 102.

[2]) Vorausgesetzt ist, daß die Justizverwaltungen diese Entscheidungen sammeln und veröffentlichen.

[3]) In Frage kommen kann immer nur die jüngste Entscheidung des Reichsgerichts über die Auslegung der Vorschrift.

c) Verfahren.

§. **80.** Die weitere Beschwerde kann bei dem Grundbuchamte, dem Landgericht oder bei dem Oberlandesgericht eingelegt werden. Erfolgt die Einlegung durch Einreichung einer Beschwerdeschrift,[1]) so muß diese von einem Rechtsanwalt unterzeichnet sein. Der Zuziehung eines Rechtsanwalts bedarf es nicht, wenn die Beschwerde von einer Behörde oder von dem Notar eingelegt wird, der nach §. 15 den Eintragungsantrag gestellt hat.

Das Grundbuchamt und das Landgericht sind nicht befugt, der weiteren Beschwerde abzuhelfen.[2])

Im Uebrigen finden die Vorschriften über die Beschwerde entsprechende Anwendung.[3])

(I 76 Abs 3, II 78; M. 120. — § 53 pr. A.G. G.B.O.)

[1]) Sie kann auch zu Protokoll des Gerichtsschreibers der beiden Gerichte bez. des G.B.A. erfolgen, § 73 Abs. 2.

[2]) abweichend von § 75.

[3]) insbesondere §§ 71 Abs. 2, 76, 77

9. Zuständigkeit der Civilabtheilungen. Ausschließung und Ablehnung der Gerichtspersonen.

§. **81.** Die Entscheidungen über Beschwerden erfolgen bei den Landgerichten durch eine Civilkammer, bei den Oberlandesgerichten und dem Reichsgerichte durch einen Civilsenat.

Die Vorschriften der Civilprozeßordnung über die Ausschließung und Ablehnung der Gerichtspersonen sowie die Vorschriften des §. 137 des Gerichtsverfassungsgesetzes finden entsprechende Anwendung.[1])

(II 79. — § 57 pr. A.G. G.V.G.)

[1]) Vgl Anm 1 zu § 1 und Anm. 1 zu § 10.

Fünfter Abschnitt.
Schlußbestimmungen.

Inkrafttreten.

§. **82.** Dieses Gesetz tritt, soweit es die Anlegung des Grundbuchs betrifft, gleichzeitig mit dem Bürgerlichen Gesetzbuch,[1]) im Uebrigen für jeden Grundbuchbezirk mit dem Zeitpunkt in Kraft, in welchem das Grundbuch als angelegt anzusehen ist.[2])

Die Artikel 2 bis 5, 32, 55 des Einführungsgesetzes zum Bürgerlichen Gesetzbuche finden entsprechende Anwendung.[3])

(I 77, II 80; Mt. 121.)

[1]) also am 1 Januar 1900. Art. 1 E.G. B.G.B.

[2]) Art. 186 Abs. 1 E.G B G B — Vergl. auch Art. 187 ff., insbesondere Art. 189

[3]) d. h. die das Grundbuchwesen betreffenden Vorschriften der Reichsgesetze bleiben grundsätzlich in Kraft, die landesrechtlichen treten grundsätzlich außer Kraft. Das vorliegende Gesetz läßt aber dem Landesrecht, und zwar sowohl dem Landesgesetz als der landesherrlichen Verordnung und den Anordnungen der Landesjustizverwaltung einen großen Spielraum. Vgl. §§ 1, 2, 83—102. Die danach vorbehaltenen Ausführungsbestimmungen können selbstverständlich schon vor dem 1. Januar 1900 an als rechtsverbindliche Kraft erlassen werden Ueber ihre spätere Aenderung s. Art. 218 E.G B.G B

Vorbehalte zu Gunsten des Landesrechts. 1. Allgemeine.

§. **83.** Soweit im Einführungsgesetze zum Bürgerlichen Gesetzbuche zu Gunsten der Landesgesetze Vorbehalte gemacht sind,[1]) gelten sie auch[2]) für die Vorschriften der Landesgesetze über das Grundbuchwesen;[1]) den Landesgesetzen stehen nach Maßgabe der Artikel 57, 58 des Einführungsgesetzes zum Bürgerlichen Gesetzbuche die Hausverfassungen gleich.

(I 5 Abs. 2, 78, II 81; M 31.)

[1]) Von Art. 55 ab. Daraus ergiebt sich zugleich die Befugniß zum Erlaß der Uebergangsbestimmungen innerhalb dieses Rahmens. Vgl. Anm. 3 zu § 82. In Betracht kommen neben der allgemeinen Bestimmung der Art. 218 B.G B. namentlich Art. 57—74, 77—79, 83, 88, 91, 96, 109—133, 141—143, 167, 168, 180 197, 200. Daraus ergiebt sich insbesondere die Zulässigkeit besonderer Grundbücher für Eisenbahngrundstücke (Art. 112),

der Eintragung von Verfügungsbeschränkung auf Grund des landesgesetzlichen ehelichen Güterrechts (Art. 200) und der Aufrechterhaltung der Sonderstellung der land: landschaftlichen Kreditanstalten (Art. 167). Bezüglich der Vorbehalte in Art. 63 (Erbpacht) und Art. 68 (Recht zur Gewinnung eines Minerals) giebt jedoch § 84 eine Einschränkung.

[2]) neben den in diesem Gesetz gemachten Vorbehalten (Anm. 3 zu § 82).

2. Besondere. a) Erbpacht und Recht zur Gewinnung eines Minerals.

§. 84. Die Vorschriften der §§ 7,[1]) 20 und des §. 22 Abs. 2 über das Erbbaurecht sowie die Vorschrift des §. 50 finden auf die in den Artikeln 63, 68 des Einführungsgesetzes zum Bürgerlichen Gesetzbuche bezeichneten Rechte[2]) entsprechende Anwendung.[3])[4])

(II 82.)

[1]) Es ist dadurch nicht erfordert, daß für das Grundstückseigenthum ebenfalls ein G B Bl. angelegt ist. Letzteres kann z. B. gemäß § 90 vom Buchungszwange befreit sein.

[2]) Diese Bestimmung ist kein Vorbehalt zu Gunsten des Landesrechts, sondern eine Einschränkung des allgemeinen Vorbehalts (Anm. 1 zu § 83) für diese besonderen Fälle.

[3]) Die Vorschriften finden, soweit als möglich, auch dann Anwendung, wenn für die Gerechtigkeit kein besonderes G.B.Bl. angelegt ist.

[4]) Das Landesrecht kann das Gleiche für das Stockwerkseigenthum (Art. 182 E.G. B G B.) und andere erwerbliche und übertragbare Nutzungsrechte (Art. 196 E.G. B.G.B.) bestimmen.

b) Abweichungen von den Grundbuchbezirken.

§. **85.** Durch landesherrliche Verordnung kann bestimmt werden, daß für gewisse Gattungen von Grundstücken [1]) besondere nicht für Bezirke eingerichtete Grundbücher geführt werden. [2])

(II 83.)

[1]) z. B für die Rittergüter
[2]) Ausnahme von § 2 Abs 1

c) Gemeinschaftliche Grundbuchblätter.

§. **86.** Durch landesherrliche Verordnung kann bestimmt werden, daß die Vorschrift des §. 4 auch dann [1]) Anwendung findet, wenn mehrere Grundstücke desselben Eigenthümers in den Bezirken verschiedener Grundbuchämter [2]) belegen sind.

(II 84.)

[1]) Diese Ausdehnung des § 4 dient namentlich der Ausführung des § 119 Z. 2 E.G B.G B.
[2]) Liegen sie in verschiedenen Bundesstaaten, so muß ein Staatsvertrag hinzukommen.

d) Anpassung älterer Grundbücher.

§. **87.** Durch landesherrliche Verordnung kann bestimmt werden, daß ein bisher geführtes Buch [1]) oder mehrere bisher geführte Bücher [2]) für sich allein oder zusammen mit einem neuen Buche oder mehreren neuen Büchern als Grundbuch gelten sollen. [3]) Die Bestimmung kann auch dann getroffen werden, wenn für Grundstücke, die nicht denselben Eigenthümer haben, ein gemeinschaftliches Blatt besteht;[4]) die Vorschrift des §. 4 findet entsprechende Anwendung.[5])

(I 8 Satz 1, 10 Abs. 1, II 85; M. 35, 36.)

[1]) Soll dieses für sich allein als G B gelten, so muß es den Vorschriften dieses Gesetzes genügen, oder entsprechend umgestaltet werden. — Vgl. § 89

[2]) namentlich ein Grundbuch und ein Pfandbuch.

[3]) Ausnahme von § 3, der nur ein G B. will, lediglich zu Gunsten bereits bestehender Bücher. Dazu § 88.

[4]) Auch diese Ausdehnung des § 4 für Grundstücke verschiedener Eigenthümer, z. B. Ehegatten, Eltern und Kinder, gilt nur für bereits bestehende Blätter.

[5]) insbesondere hinsichtlich der Beseitigung des gemeinschaftlichen Blattes wegen Verwirrung. So lange eine Verwirrung nicht zu besorgen ist, können Eintragungen auf die einzelnen Grundstücke vorgenommen werden.

§. **88.** Werden nach §. 87 mehrere Bücher geführt, so muß jedes Grundstück in einem der Bücher eine besondere Stelle haben.[1]) An dieser Stelle ist auf die in den anderen Büchern befindlichen Eintragungen zu verweisen. Die Stelle des Hauptbuchs und die Stellen, auf welche verwiesen wird, gelten zusammen als das Grundbuchblatt.[2])

(I 10 Abs. 2, II 86; M. 37.)

[1]) entsprechend dem § 3 Satz 1

[2]) Anm 5 zu § 3.

§. **89.** Sind in einem Buche, das zufolge landesherrlicher Verordnung als Grundbuch gilt, die Grundstücke nicht nach Maßgabe des §. 2 Abs. 2 bezeichnet, so ist diese Bezeichnung von Amtswegen zu bewirken.[1])

(I 9, II 89; M. 36.)

[1]) Wenn mehrere Bücher geführt werden (§§ 87, 88) ist diese Bezeichnung in allen Büchern durchzuführen, soweit sich nicht durch Verweisung (§ 88) dasselbe Ergebniß erreichen läßt

e) Vom Buchungszwange befreite Grundstücke.

§. **90.** Durch landesherrliche Verordnung kann[1]) bestimmt werden, daß die Grundstücke des Fiskus[2]) oder gewisser juristischer Personen, die öffentlichen Wege und Gewässer sowie solche Grundstücke, welche einem dem öffentlichen Verkehre dienenden Bahnunternehmen gewidmet sind,[3]) nur auf Antrag[4]) ein Grundbuchblatt erhalten.[5]) Das Gleiche gilt von den Grundstücken eines Landesherrn und den Grundstücken, welche zum Hausgut oder Familiengut einer landesherrlichen Familie, der Fürstlichen Familie Hohenzollern oder der Familie des vormaligen hannoverschen Königshauses, des vormaligen kurhessischen und des vormaligen herzoglich nassauischen Fürstenhauses gehören.[6])

Steht demjenigen, welcher nach Abs. 1 von der Verpflichtung zur Eintragung befreit ist, das Eigenthum an einem Grundstücke zu, über das ein Blatt geführt wird, oder erwirbt er ein solches Grundstück,[7])

so ist auf seinen Antrag das Grundstück aus dem Grundbuch[8]) auszuscheiden, wenn eine Eintragung, von welcher das Recht des Eigenthümers betroffen wird, nicht vorhanden ist.

(I 11 Abs. 1, 12 Abs. 1, II 88; M. 37, 39. → § 2 pr. G.B.O.)

[1]) dauernd.

[2]) Reichsfiskus oder Landesfiskus. Vgl. a. Art. 127 E.G. B.G.B.

[3]) Art. 112 E.G. B.G.B.

[4]) Das Antragsrecht steht auch Dritten zu nach Maßgabe des § 14 Abs. 2.

[5]) Damit sind dann aber bezüglich dieses Grundstücks bis zur Anlage des G.B.Bl. alle Rechtsveränderungen ausgeschlossen, welche nur durch eine Eintragung im G.B bewirkt werden können. — Vgl. aber Anm. 1 zu § 84.

[6]) Vgl. Art. 57 E.G. B.G.B.

[7]) oder einen Theil desselben.

[8]) ohne vorherige Uebertragung auf ein neues G.B.Bl.

f) Nachträgliche Eintragung von Grundbuchblättern.

§. **91.** Das Verfahren zum Zwecke der Eintragung von Grundstücken, die bei der Anlegung des Grundbuchs[1]) ein Blatt nicht erhalten haben,[2]) wird durch landesherrliche Verordnung bestimmt.

(I 17, II 89; M. 47. — §§ 134—140 pr. G.B.O.)

[1]) d. h. bis zu dem in Art. 186 Abs. 1 E.G. B.G.B. gedachten Zeitpunkte. Vgl. Anm. 2 zu § 1 a. E.

[2]) aus irgend einem Grunde, z. B. wegen der Befreiung aus § 90 oder weil sich Hindernisse ergeben oder auch weil das Grundstück übersehen ist.

g) Wiederherstellung von Grundbüchern.

§. **92.** Das Verfahren zum Zwecke der Wiederherstellung eines ganz oder theilweise zerstörten oder abhanden gekommenen Grundbuchs [1]) wird durch landesherrliche Verordnung bestimmt. Die Verordnung kann auch darüber Bestimmung treffen, in welcher Weise bis zur Wiederherstellung des Grundbuchs die zu einer Rechtsänderung erforderliche Eintragung ersetzt werden soll.

(I 18, II 90; M. 47. — pr. G. v. 14. 3. 1882.)

[1]) einschließlich der Grundakten und mit dem G B zerstörten oder verloren gegangenen Briefe und sonstigen Urkunden.

h) Einsicht des Grundbuchs, der Ertheilung von Abschriften und der Grundakten.

§. **93.** Die Landesjustizverwaltung kann anordnen, daß die Einsicht des Grundbuchs und der im §. 11 Abs. 1 Satz 2 bezeichneten Schriftstücke in weiterem Umfange [1]) gestattet und die Ertheilung von Abschriften in weiterem Umfange zulässig sein soll, als es im §. 11 vorgeschrieben ist.

(II 91.)

[1]) also auch Jedermann ohne Weiteres.

§. **94.** Die Landesjustizverwaltung kann anordnen, daß Grundakten gehalten werden, und, unbeschadet der Vorschriften des §. 11, auch Anordnungen über die Einsicht der Grundakten und über die Ertheilung von Abschriften treffen.[1])

(I 16, II 92; M. 47. — § 18 pr. G.B.O.)

[1]) Vgl. Anm. 5 zu § 11.

i) Verweisung auf andere Akten.

§. **95.** Die Landesjustizverwaltung kann anordnen, daß, wenn eine der im §. 9 Abs. 1 bezeichneten Urkunden in anderen Akten der das Grundbuch führenden Behörde enthalten ist, statt einer beglaubigten Abschrift der Urkunde eine Verweisung auf die anderen Akten genügt.

(II 93.)

k) Abschreibung von Grundstückstheilen.

§. **96.** Durch die Landesjustizverwaltung kann darüber Bestimmung getroffen werden, inwieweit für die Fälle, in denen ein Theil eines Grundstücks von diesem abgeschrieben[1]) oder ohne Abschreibung mit einer Dienstbarkeit oder einer Reallast belastet[2]) werden soll, die Eintragung von einer Aenderung des amtlichen Verzeichnisses der Grundstücke[3]) oder von der Beibringung einer die Lage und die Grenzen des Grundstückstheils darstellenden Karte[4]) abhängig sein soll.

(I 26 Abs. 2, II 94; M. 61.)

[1]) Anm. 5 zu § 3, Anm. 4 zu § 6.
[2]) gemäß § 6 Satz 2.
[3]) § 2 Abs. 2.
[4]) Anm. 3 zu § 2.

l) Inhalt des Briefes.

§. **97.** Durch die Landesjustizverwaltung kann angeordnet werden, daß der in §. 57 bezeichnete Auszug[1]) aus dem Grundbuche noch andere als die dort vorgeschriebenen Angaben über das Grundstück enthalten und daß, wenn sich der Betrag der Hypothek, Grundschuld oder Rentenschuld mindert, auf dem Briefe durch einen Vermerk ersichtlich gemacht werden soll, für welchen Betrag der Rest noch besteht.[2])

(I 57 Abs. 2, II 96; M. 99.)

[1]) Anm. 2 zu § 57.
[2]) Anm. 7 zu § 57.

m) Vorlegung des Veräußerungs-Vertrages bei der Auflassung.

§. **98.** Durch Landesgesetz kann bestimmt werden, daß das Grundbuchamt die Erklärung der Auflassung nur entgegennehmen soll,[1]) wenn die nach §. 313 des Bürgerlichen Gesetzbuchs erforderliche Urkunde[2]) vorgelegt wird.

(II 96.)

[1]) Reichsrechtlich ist die Vorlegung nicht erforderlich. Vgl. § 9 Abs. 2.
[2]) in der dort bestimmten, bez. der nach Art. 142 E.G. B.G.B. zulässigen Form.

n) Erbauseinandersetzung.

§. **99.** Durch Landesgesetz kann bestimmt werden, daß die Vorschriften der §§. 37, 38 entsprechende Anwendung finden, wenn bei einem zum Nachlaß oder zu dem Gesammtgut einer ehelichen Gütergemeinschaft oder einer fortgesetzten Gütergemeinschaft gehörenden Grundstück oder Erbbaurecht einer von den Betheiligten als Eigenthümer oder Erbbauberechtigter eingetragen werden soll.[1])

(II 97.)

[1]) Statt des Nachlaßgerichts kann dabei die Theilungsbehörde, auch ein für die Theilung zuständiger Notar in Betracht kommen.

o) Unterstellung der Grundbuchämter unter die Amtsgerichte.

§. **100.** Durch die Gesetzgebung eines Bundesstaats, in welchem die Amtsgerichte nicht zugleich Grundbuchämter sind, kann bestimmt werden, daß die Abänderung einer Entscheidung des Grundbuchamts bei dem Amtsgerichte nachzusuchen ist, in dessen Bezirke das Grundbuchamt seinen Sitz hat.[1]) In diesem Falle finden auf das Verfahren die Vorschriften des §. 71 Abs. 2 und der §§. 73 bis 77 entsprechende Anwendung.[2])

Die Beschwerde findet gegen die Entscheidung des Amtsgerichts statt.[3])

(II 98. — § 539 C.P.O.)

[1]) Abweichung von §§ 71 Abs. 1, 72.
[2]) Eine weitere Befugniß dieses Amtsgerichts in § 101.
[3]) gemäß §§ 71 ff.

§. **101.** Durch Landesgesetz kann dem im §. 100 bezeichneten Amtsgerichte die Befugniß ertheilt werden, von Amtswegen das Grundbuchamt zu einer nach §. 54 zulässigen Eintragung anzuhalten.[1])

Gegen die Anordnung des Amtsgerichts findet Beschwerde nach Maßgabe der Vorschriften des vierten Abschnitts statt.

(II 99.)

[1]) Anm. 2 zu § 54.

p) **Zuständigkeit für die weitere Beschwerde.**

§. **102.** Durch die Gesetzgebung eines Bundesstaats, in welchem mehrere Oberlandesgerichte errichtet sind, kann die Entscheidung über das Rechtsmittel der weiteren Beschwerde einem der mehreren Oberlandesgerichte oder an Stelle eines solchen Oberlandesgerichts dem obersten Landesgerichte zugewiesen werden.[1])

(II 100.)

[1]) Abweichung von § 79 Abs. 1.

Urkundlich unter Unserer Höchsteigenhändigen Unterschrift und beigedrucktem Kaiserlichen Insiegel.

Gegeben Berlin im Schloß, den 24. März 1897.

(L. S.) **Wilhelm.**

Fürst zu Hohenlohe.

Sachregister.

Die eingeklammerten Zahlen geben die Seiten an;
A. = Anmerkung.

A.

B.

C.

D.

E.

N.

O.

Druckfehler-Berichtigung.

S. 43 Anm. 5 Z. 2: Vorlegung statt Verlegung.

S. 25 Z. 7: Grundbuchbeamten statt Gerichtspersonen.

Druck der Norddeutschen Buchdruckerei, Berlin, Wilhelmstr. 32.

Kolibri 360 GmbH
Ferdinand-Jühlke-Straße 7
99095 Erfurt, Deutschland
produktsicherheit@kolibri360.de